メシアニカビル
くすみ書房
くすみ書房

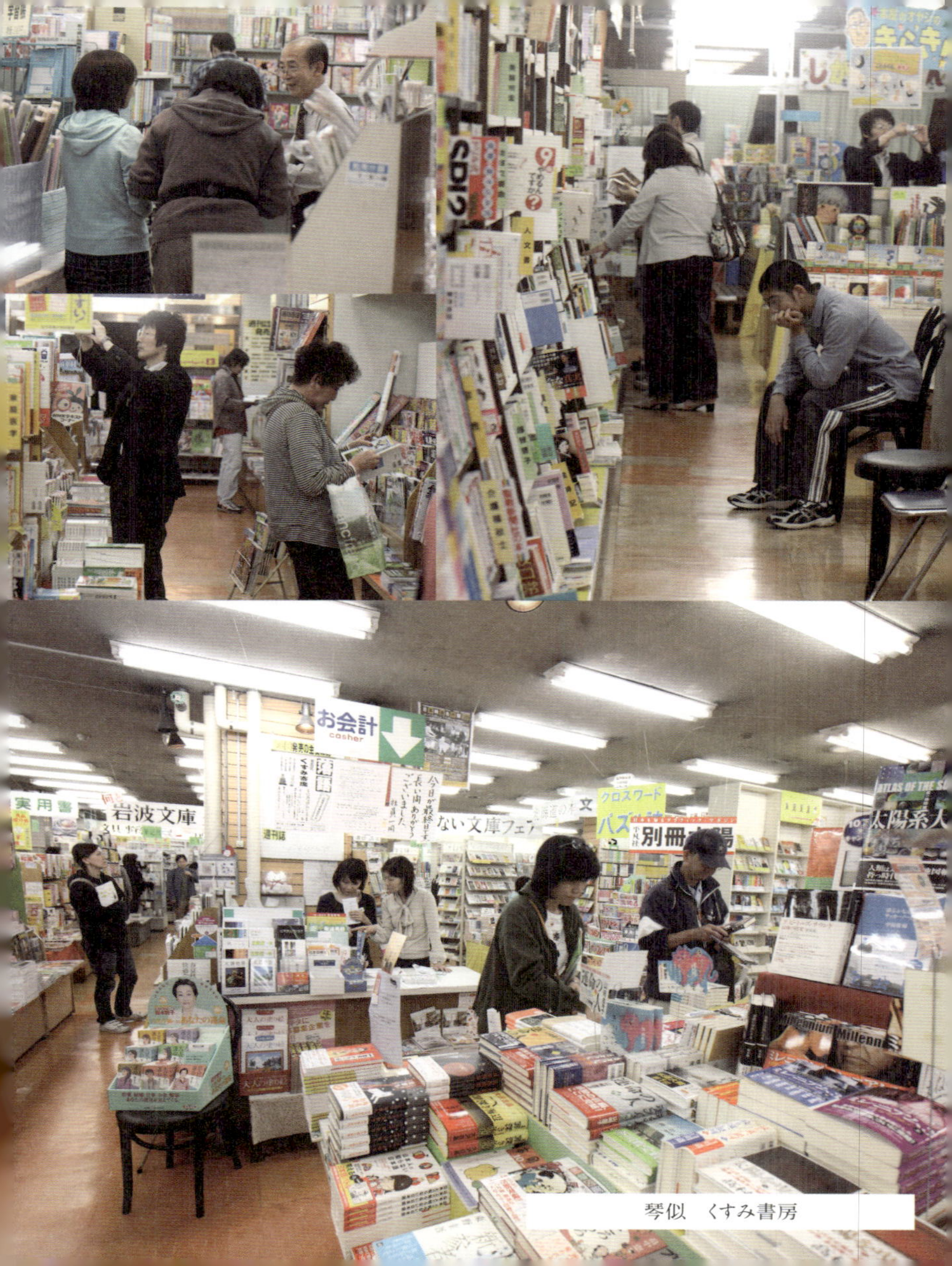
お会計
casher
実用書
岩波文庫
ない文庫フェア
クロスワード
パズル
別冊太陽
太陽系人
ATLAS OF THE

琴似　くすみ書房

屋のオヤジ
おせっかいの「小学生はこれを読め！」
低学年
中学年
高学年

地域の皆様と
ともに歩む
くすみ書房
文庫
絵本・児童書

大谷地　くすみ書房

奇跡の本屋をつくりたい

まえがき

札幌の街に、くすみ書房という本屋がありました。

そこは、地元の人たちはもちろん、道外から訪れた人たちからも愛される本屋でした。

二〇一五年、多くの人たちに惜しまれつつ、くすみ書房は閉店。約七十年の歴史に幕を下ろします。

本書は、その店の店主・久住邦晴《くすみくにはる》氏が、二〇一六年春先、病を告知された後、書きためた原稿をもとに構成しています。自身の復帰を信じ、中高生向けの本屋をつくる。そんな並々ならぬ意欲をもって執筆されました。

数カ月の執筆を経て、二〇一七年八月二十八日、永眠。

結果的に遺稿となった手書きの原稿を、活字化し、誤字・脱字など最低限の修正にとどめ、「I　遺稿　本屋のオヤジの日々是好日（仮）」としてほぼそのまま収録しました。この章タイトルは久住さん本人が考えた本書のタイトル候補のひとつです。

遺稿の最後に、本書の企画書として考えられたのでしょうか、次の文が記されていました。


「本屋のオヤジが起こした11番目の奇跡」

—第9、第10の奇跡は起きたのか？—

＊

全国の町の本屋はずっと苦しんできました。

経営基盤があまりにも脆弱《ぜいじゃく》なためです。

再販制度の限界ともいえるかもしれません。

多くの本屋さんたちが店を閉め、次世代に継がせることをあきらめています。

本来読書は夢と希望を与えてくれるものです。

わくわく、どきどきしながら頁をめくる体験は何ものにも代えられません。

私は本屋の経営も同じように夢を抱き、希望に満ち溢れたものでありたいと強く思います。

そのために「楽しい本屋」をつくります。
だから
お金がなくてもつくれる本屋
だから借金の無い経営
きちんと休みのとれる本屋
知的好奇心が満たされる本屋
文化を発信できる本屋
置きたい本だけ置いている本屋
何ものにも束縛されない本屋
を目指します。

そんな本屋がつくれたら最高です。
つくりあげ、開店してからの状況をドキュメント風にお伝えいたします。

①『あなたの会社が90日で儲かる！』という本との出会い
②「無印本フェア」を木原さんに伝えたこと
③道新の担当者がTさんだったこと
④店内での朗読がスタートしたこと―「天国の本屋」映画ロケ地へ行けたこと
⑤「中学生はこれを読め！」を思いついたこと
⑥北大の中島岳志さんとの出会い
⑦約束期日ギリギリに取次が大谷地店への移転を了承したこと
⑧品止解除のため必要だった資金四〇〇〇万円を集めたときに起きたいくつかの奇跡
そして
⑨余命八ヶ月と宣告された肺がんが治癒したこと
⑩この本が三〇万部のベストセラーになり、個人的借入の四〇〇〇万円が返済できたこと

出版時点では⑨⑩はまだ起きていない。
必ずそうなると確信し、そのために行うことを紹介。
結果は「本屋のオヤジが起こした11番目の奇跡」で。

＊

「Ⅱ　解説」は、生前、久住さんが全幅の信頼を寄せておられた東京工業大学教授・中島岳志さんにお願いしました。中島さんには、遺稿で書かれた話の以前と以降の話を補ってもらっています。

巻末には、「Ⅲ　補録」として、久住さんが出版関係者向け、中学生向けの講演のために用意した、手書きの草稿を活字化しました。最後に、近い将来、久住さんがたちあげる予定でいた「奇跡の本屋」構想について書かれた草稿を掲載しました。なお、※箇所は、編集部による註もしくは補足です。

ミシマ社編集部

奇跡の本屋をつくりたい

目次

I 遺稿

本屋のオヤジの日々是好日（仮）

日本で一番有名な本屋に？

二〇〇一年のある日、知人の紹介で訪れたY氏は私の顔をしばらく見てからこう言った。

「あなたは、近い将来、日本で一番有名な本屋になります。業界であなたのことを知らない人はいなくなるでしょう」

「……そ、そうですか」。驚く私に彼は続けた。

「でも、今のあなたほどやる気のない人は見たことがありません」

「……」。ここで壺でも出てくれば話は簡単だ。

でもそんなことはなかった。

彼はそれだけ言うと、何も出さずに帰っていった。

そうなのだ。その頃の私は、仕事に対しやる気を失っていた。いや、より正確にいうと、何もしないことを選択していたのだ。

地下鉄の延長で売上大幅ダウンに

その頃、私の経営する「くすみ書房」は売上を大きく落としていた。その原因は一九九九年に実施された地下鉄の延長だった。当店の最寄駅だった琴似《ことに》駅が最終駅から途中駅になってしまったのだ。

当初は軽く考えていた。しかし日が経つにつれ店の前を歩く人がどんどん減っていくのを見てあせり始めた。

当然、売上は落ち続け、やがて前年比で二〇パーセントダウンという日々が続いていった。

昭和二十一年創業の町の本屋

当店は昭和二十一（一九四六）年に札幌市郊外で父が始めた本と文具の店で、札幌では老舗《しにせ》になる。

教科書と雑誌の配達も行う典型的な町の本屋だ。

その当時の本屋の大半がそうであったように、店売は慢性的な赤字で、外商の利益で何とかやっていた。

頑張るほど赤字に

なんとか売上を戻そうと様々なことを試し続けた。

しかしほとんど効果がなかった。

いつも店の中はガラガラだった。

そのうち更に困ったことが起きてきた。

頑張るほどに取次（※出版専門の卸の会社）の請求が多くなるのだ。

企画を立てたり、様々な情報を調べて売れそうな本を注文すると、平均四十～五十日後に全額支払う必要がある。

しかし、それまでにすべてが売れる本はそう多くはない。

残った本は返本できるが、入帳（※返金）になるのは一カ月以上後になる。

だから残った本の代金は別に用意しなければならないのだ。

それが何点にもなると負担は大きい。


それを何度も繰り返すうちに、企画を立てたり、注文することがいやになってきた。どうせ売れないのだ。

それよりも返本しているほうがいい。返本すれば請求は確実に減る。

だから、何もしないことに決めた。

それが冒頭の話だ。


しかしそんなことが長く続くはずがなかった。

棚は欠本でガタガタになり、店内はどんどん荒れていった。

当然、売上は更に落ち続け、取引先への支払いは滞《とどこお》り、督促《とくそく》の嵐となっていった。

息子の病、そして死

そんなときに、とどめを刺される出来事が起きる。
二〇〇二年七月、高校に入学したばかりの息子が突然の病に倒れた。
白血病だった。
緊急入院し、治療を開始したが、医者の診断は最初から悲観的だった。
「このケースでの白血病の治癒例はありません」と告げられた。
それでも骨髄《こつずい》移植まで治療はすすみ、家族は奇跡を願い続けたが、
二〇〇三年七月、息を引き取った。

息子が亡くなる最後の数カ月は病院に泊まり、朝、そのまま会社に行くという日が続いた。

仕事も手につかず、売上は更に落ち続けた。

取引先もそんな事情に理解を示してくれ、最大限の譲歩をしてくれた。とてもありがたかった。しかし限界を超えていた。

支払いのことばかりに悩み続ける本屋稼業が段々いやになってきていた。

息子の葬儀が行われた日、支払いのお金が足りず、香典《こうでん》をかき集めて会社に届けたとき、その思いは決定的になった。

「店を閉めることにしました」と社員に

葬儀がすべて終了し、少し落ち着いた七月中旬、店を閉めることを決めた。

時期は一番の稼ぎ時の翌年の新学期終了後にしたかった。

それをまず社員に伝えた。

「来年の七月に店を閉めることにしました。申し訳ありませんが、今後のことを考えておいてほしい」と。

翌日、店を閉める手順を考えた。

取引先との交渉、お得意様への通知、そして店の数多くのお客様にどう伝えていこうかと考え始めたとき、あることに気づき愕然《がくぜん》とした。

今、店を閉めたらお客様たちは、

「くすみ書房さんはきっと、息子さんを亡くして力を落とし店を閉めたんだろう。しょうがないね」

と思うにちがいないということに気がついた。


そういうわけにはいかない。

絶対に息子のせいにだけはさせるわけにはいかない。

あんなに苦しい思いをしたのに。不甲斐ないオヤジのせいなのに。今、店を閉めるわけにはいかない。そう強く思ったのだ。

神田昌典氏の本との出会い

もう一度、経営を立て直す決心をして、その日からビジネス書を中心に片っぱしから本を読み始めた。それまでもピンチのときに何度か本に救われたことがあったのだ。

店の本だけではとても足りず、大書店さんの売場や出版社の新刊情報を眺めて、ヒントが載っていそうな本を探し求めた。

数日後、ある情報誌に目を通していたとき、こんな文章が目に飛び込んできた。

「日本のどこかに、この本で救われる人がきっといるはずです」

あっ、と思った。

神田昌典《かんだまさのり》氏の『あなたの会社が90日で儲かる！』との出会いだった。

すぐ取り寄せて、むさぼるように読んだ。

衝撃的だった。

神田さんは「今、時代が変わって、今までの常識は通用しない。これからは今まで非常識といわれていたことにこそ成功のヒントがある」と言い、そんな発想で「人を集める」ことを説いていた。

この「人を集める」という言葉は新鮮だった。

今までは売上を伸ばすことばかり考え、何をやっても効果がなく、もうやることがなくなっていた。

しかし「人を集める」ことはやったことがなかった。

まだやるべきことはあるんじゃないかと思った。

希望の光が射したように感じた。

「なぜだ⁉　売れない文庫フェア」の誕生

しかし、どうすればいいのかわからなかった。

そこで人を集めるプロに話を聞きに行った。

FMのラジオ局と代理店を経営する木原くみこ氏に、

「人を集めたい、どうすればいい？」と尋ねた。

彼女は即座に二つのことを答えてくれた。

「マスコミを動かすこと、そして経営者であるあなたを売り込むこと」

「マスコミを動かすとは新聞の記事で取り上げてくれることを行うこと。経営者を売り込むとは、あなたが有名になること」だそうだ。

私が有名になるのはちょっといやだから後回しにして、新聞に取り上げてもらえることを考えようと、二人で相談を始めた。

とりあえず何でも言ってみてと言われ、残っているわずかばかりのアイデアを伝えた。

当然、どれもダメで、

「他には？」

「うーん、無印本フェアというのもあるけどなあ……」

「たとえば新潮文庫は全部で二二〇〇点ほど流通していて、数が多いので書店が注文しやすいようにランク付けされている。

最も売れる一〜二〇〇位はS、二〇一〜五〇〇位はA、五〇一〜一〇〇〇位はB、一〇〇一〜一五〇〇位にはCと書名の横にアルファベットが付いている。

そして一五〇一〜最下位はランクの付いていない無印本で、大書店以外にはほとんど置いていないので、いずれ、それだけを集めてフェアを行えば面白いかなあと」

するとと木原さんは「面白い！」と。

うん、面白いだろ。だけど売れないよと言うと、

「売れなくてもいいんでしょ。これは新聞に載るよ。でも、わかりづらいから売れない本フェアにするといい」と。

そうだった。売れなくてもいいんだ。誰もやらなくて面白ければいいのか。

試しに会社に戻り社員に聞いた。

「売れない本フェアをやろうと思うけど、どうだろう？」

「えっ、さあどうでしょうねえ」

そうか、今までの常識は通用しないんだった。

ひと晩考えて「なぜだ!?　売れない文庫フェア」というフェア名にした。

内容は新潮文庫の一五〇一～最下位の七〇〇点と、良い本が多いのになぜか売れないちくま文庫を八〇〇点の合計一五〇〇点。秋の読書週間の始まる十月二十七日からフェアをスタートすることにした。

手書きのチラシと、フェアをマスコミに伝える趣意書を作って各新聞社宛に送った。

趣意書で訴えたのは主に二つ。

新潮文庫のランク下位の中にはかつての名作がたくさんある。でも売れないので本屋ではほとんど置いていない。

2003年10月に著者が手書きで
作成したチラシ

なぜだ!?
売れない文庫フェア

次郎物語が本屋にないのはなぜ?
尾崎翠が売れないのはなぜ?
売れてないから本屋で置かない。
本屋にないから目に触れない。
・・・・そして絶版になり、消えていく。

いい本なのに

でも、本当に売れないの? 確かめてみよう。
というわけで
売れていない文庫フェア第1弾!
地味だけど味のある「ちくま文庫」800点。と、
文庫の王様「新潮文庫」の
売行順位 1500位から最下位までの
700点で勝負です。

期間 10/27 ~ 12/31頃まで

くすみ書房
西区琴似2-7
611-3819
10時~21時(日・祭20時)

だから読者の目に触れず、いずれ絶版になり消えていく。売上最優先のままでは「良書がどんどん消えていく」。

ふたつ目はナショナルチェーンの出店攻勢に全国から「町の本屋が消えていく」。売上データ優先の画一的な品揃えで全国展開を続ける大資本へのささやかな抵抗だと訴えたのだ。

翌日二社から、取材させてほしいと連絡が。やったあ！

フェア前日、地元の北海道新聞社の取材を受けた。

来てくれたのは女性のT氏。フェアをとても面白がってくれ、好意的だった。

すべてはフェア当日の記事から始まったと思っている。担当が彼女だったのはとてもラッキーだった。

埋もれた良書　読書週間で出合って

売れない文庫フェア1500点

きょうから札幌「くすみ書房」　小規模店の心意気

「売れないからと縮こまっていてはだめ。面白い企画で本好きを呼び込みたい」と話す久住さん

二十七日からの「読書週間」に合わせ、札幌市西区琴似二ノ七の「くすみ書房」が同日から、「なぜだ!?売れない文庫フェア」を始める。まちの本屋が全国チェーンの書店の攻勢にさらされる中、独自の企画で「個性ある本屋」をアピールする。第一弾は、新潮文庫の売り上げ千五百一位から最下位までの七百点など、千五百点をそろえる。

二代目店主の久住邦晴さん（五三）が「出版不況やチェーン店の増加で書店の品ぞろえが画一的になり、地味な良書が消えていく悪循環に抵抗したい」と企画した。

出版社の多くは、新刊分を除く文庫を、売り上げに応じてランク付けしており、久住さんは新潮文庫から、大型店以外には並ぶことの少ない「ランク外」（千五百一位以下）を選んで、注文した。

併せて、小規模店では扱いにくい、通好みの「ちくま文庫」「ちくま学芸文庫」も八百点そろえた。

新潮文庫は、下村湖人の「次郎物語」全三巻など名作も。ちくま文庫には井上ひさし「ひょうたん島」全十三巻なども並ぶ。「『売れない文庫』は意外にバラエティーに富み、面白い顔ぶれになった」と久住さん。「かつて読み損ねた本と出合ってほしい」と話している。第一弾は年内いっぱい展開する予定。問い合わせは同店☎011・381・6119へ。

北海道新聞（2003.10.27）の記事

二〇〇三年十月二十七日、フェア当日の朝刊を見て驚いた。

予想以上のスペースに写真付きだ。

記事もとても好意的だ。

これなら、なんとかなるかもしれない。


店に行くと、何やら騒がしい。

どうした？　と尋ねると、

「店長、朝から電話が鳴りやみません」

くすみ書房に行きたいけど、どう行けばいい？　という電話が次々にかかってきていたのだ。


開店と同時にお客様がどんどん入ってきて、昼頃にはせまい店内がぎっしりに。

そこにＳＴＶ（※札幌テレビ放送）がきた。

「『どさんこワイド』です。取材させてください」。そして夕方のニュースで流してくれ、その後は道内全域から問い合わせの連絡が殺到。翌日から各新聞、テレビで次々に取り上げていただき、大変な騒ぎになっていった。


そして売れないはずの文庫が売れた。

フェアの一五〇〇冊が一カ月足らずで全部売れたのだ。

予想外だった。

売れない文庫を見に来ていただき、本来売れるはずの雑誌や新刊が売れてくれればと思っていたのに、まず、『次郎物語』や『青い山脈』『アイガー北壁・気象遭難』などが売れ続け、棚はガタガタになっていった。


十一月の文庫の売上はなんと前年の三倍、全体でも一五パーセントアップとなった。

前月まで二〇パーセントダウンを続けていたので、実質三〇パーセント以上のアップということになる。驚きだ。夢みたいだ。

当然のように年内いっぱいの予定を延長し、規模も拡大していくことにした。

翌年二月には第二次フェアとして「中公文庫ほぼ全点」を加え、そして五月に第三次フェアをスタートする。

年明けの頃から東京の各出版社が注目しだし、続々と来店してくれるようになっていた。

その中の一社が岩波書店だった。

営業の方と会うと彼はこう言った。

朝日新聞（2003.11.3）の記事

「売れない文庫」売れた

1700冊用意、1週間で600冊

西区の老舗書店フェア

札幌市西区の老舗《しにせ》書店「くすみ書房」（久住邦晴社長）が始めた「売れない文庫フェア」が予想外の人気だ。良書が消えてゆくのを惜しみ、始めた企画だが、仕入れた約1700冊のうち2日までの1週間で3分の1以上の約600冊が売れた。文庫本全体で普段の5倍もの売れ行きに当の書店も驚き、一部は追加注文したほどだ。

同書店は今年、良書でも売れていない文庫本に光を当てて読書週間（10月27日～今月9日）のフェアを企画。「売れる本」先行の品ぞろえの大手チェーン店に対する「地元書店のささやかな抵抗」ともいう。

フェアでは新潮文庫、ちくま文庫、歴史、哲学書などが多いちくま学芸文庫の3種類をそろえた。新潮文庫では国内文学のうち、全国の売れ行き1500位までのランク外の作品から約700冊、ちくま文庫、ちくま学芸文庫からは計約1千冊を選んだ。

新潮文庫では下村湖人の「次郎物語」、石坂洋次郎の「青い山脈」などの名作や川端康成、山本周五郎ら著名作家の作品を含む約350冊、ちくま文庫では井上ひさしの「ひょっこりひょうたん島」など、ちくま学芸文庫ではバタイユの「文学と悪」など計約250冊が売れた。

久住社長は「もともと力のある本なら、置き方によって目を向けてもらえることがわかった。ベストセラー偏重への不満もあるという手応えも感じた」と話している。フェアは12月末まで続け、ほかの文庫を入荷することも検討するという。

予想外の売れ行きの「売れない文庫フェア」＝札幌市西区のくすみ書房で

「うちの文庫が一番売れません。だからぜひ取り上げてください」

そんな面白いこと言われたらなあ。つい、

「やりましょう」

と。そして「やるなら全点だあ！」。


しかし冷静に考えるとちょっと調子に乗りすぎた。

道内で岩波文庫を全点置いていたのは当時ただ一軒。

八〇〇坪の大型店の旭屋書店さんだけ。

当店は本売り場七〇坪だから勝負にならない。

また、なにか策を考えないと。

店内で「朗読」のスタート

また、木原さんに相談。

じゃあ考えていることを言ってみてと言われ、次々に伝えていく中に「朗読」があった。

「うん？　朗読って何？」

当時『天国の本屋』という本がベストセラーになっていた。この話で舞台となる本屋の売りが、店内で朗読するということだった。

その本が映画化されることになり、ロケ地が札幌近郊の石狩。

そのロケセットが一般公開されるというので見に行って驚いた。

照明はすべてローソク。タンスのような棚。迷路のような階段。そしてレジ前に池のような大きな水槽、どうやらそこで朗読をするらしい。初めは「えーっ、こんなのありえない」と笑っていたけど、徐々に考えが変わってきた。

「私にはこんな本屋は思いつかない」と。

だから、店内で朗読するということが忘れられなくなっていたのだ。

木原さんにそのことを伝えると、

「いい！　それで決まり。さあ飲もう」

翌日、北海道新聞のTさんに朗読が記事になるかどうか尋ねると、

「それは他の書店ではやっていないのですか？」

「調べたかぎり、新刊書店ではうちが初めてです」

「それなら記事になります」

2004年5月「第三次売れない文庫フェア」
の店内の様子とチラシ

売れない文庫フ
岩波文庫
全点
文庫
新潮文庫の売れない

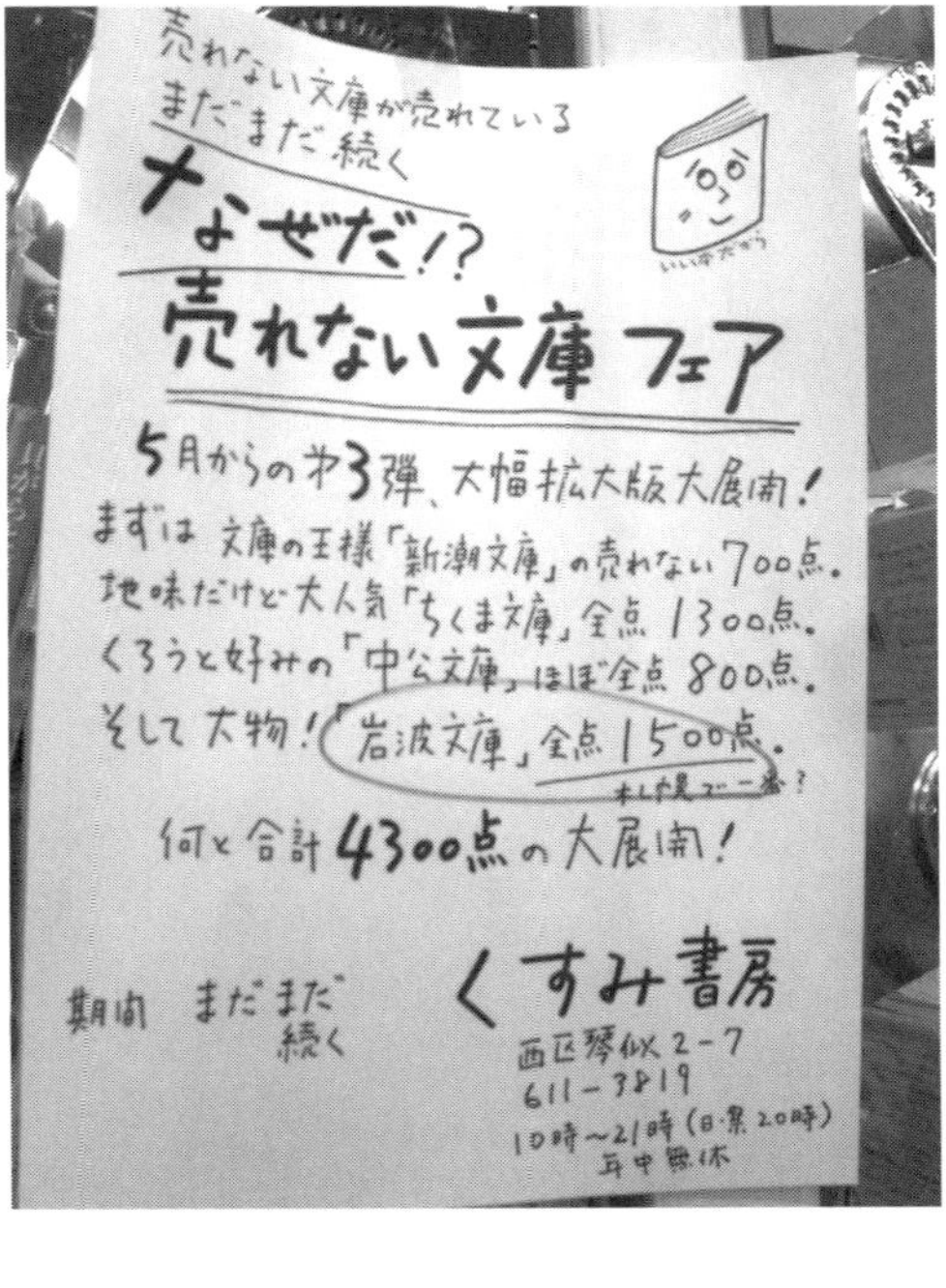
売れない文庫が売れている
まだまだ続く
なぜだ!?
売れない文庫フェア
5月からの第3弾、大幅拡大版大展開!
まずは 文庫の王様「新潮文庫」の売れない700点。
地味だけど大人気「ちくま文庫」全点1300点。
くろうと好みの「中公文庫」ほぼ全点800点。
そして大物!「岩波文庫」全点1500点。
何と合計4300点の大展開!
期間 まだまだ続く
くすみ書房
西区琴似2-7
611-3819
10時~21時(日・祭20時)
年中無休

そう、そこのところはとてもはっきりしているのだ。

誰もやっていなくて、面白いことでないとダメなのだ。


二〇〇四年五月、「第三次売れない文庫フェア」が岩波文庫全点とちくま文庫全点、ちくま学芸文庫全点を加えてスタートした。

その日の夕方五時から店内で朗読もスタートした。


座って聞けるようにイスを用意し、私がマイクの前で岩波文庫の『坊っちゃん』を朗読した。

突然、店内に鳴り響いた声にお客さんたちはびっくり。約二十分の朗読は下手なりにまあ、好評だった。

翌日、北海道新聞にこの記事が大きくしかも写真付きで掲載され、夕方になるとそれを見たと多くの方が来店された。

魅力新た「売れぬ本」

琴似の くすみ書房 朗読会が始まる

【西区】札幌市西区琴似二の七の書店「くすみ書房」の名物企画「なぜだ!? 売れない文庫フェア」の第三弾「岩波文庫全点フェア」に合わせ、十日から同店で岩波文庫の朗読会が始まった。敷居の高い同文庫に親しみを感じてもらう狙い。まずは夏目漱石から始め、今後はリクエストにも応じる考えだ。

「親譲りの無鉄砲で小供のころから損ばかりしている」。午後五時、店の一隅で久住邦晴社長が「坊っちゃん」を読み始めた。

聴き手は十人ほどのお客さん。近くの書棚で本を見ながら耳を傾ける人もいる。

フェアで扱う岩波文庫は欠品を除く千四百六点。市内では最多という。「中高生にも親しんでもらう方法はないか」と、朗読会を考えた。

人前での朗読は初めて。十五分ほどかけて一章の半分を読んだところで「続きはまた明日」。北区の学生、吉田雄祐さん(二〇)は「頭に情景が浮かんで面白かった。続きを読んでみようかな」と話した。

十五日まで毎夕、久住さんが漱石を読み、その後は店員や朗読ボランティアの協力も得ながら、聴き手の反応を見て読む本や開催ペースを決めるという。「ベストセラー『天国の本屋』のように、希望があれば岩波文庫以外も読みたい」と久住さん。

同店では併せて、新潮文庫の「売り上げ千五百一位以下」の千点、ちくま文庫の全千三百点、中公文庫のほぼ全点に近い八百点も扱っている。フ

「坊っちゃん」を朗読する久住社長（右端）

北海道新聞（2004.5.11）の記事

前日の続きの私の朗読が終わると、聞いていた方の一人が声をかけてきた。

「私も朗読させてほしいのですが」

当時、声に出して本を読む音読や、朗読がブームになっており、その方もどこか人前で読みたいと思っていたらしい。

そして、その方を皮切りに朗読したいという方が次々に現れ、翌月には予約でカレンダーがほとんど埋まってしまった。

これはまったく予想外のことだった。

当初は私と社員の二人で一ヵ月ほどやろうかと思っていたのが、おかげで、スタートしてからずっと続けることができた。

くすみ書房の店内では夕方五時になると、毎日朗読の声が響くようになった。

2004 年 5 月、くすみ書房の入口と
朗読会の様子

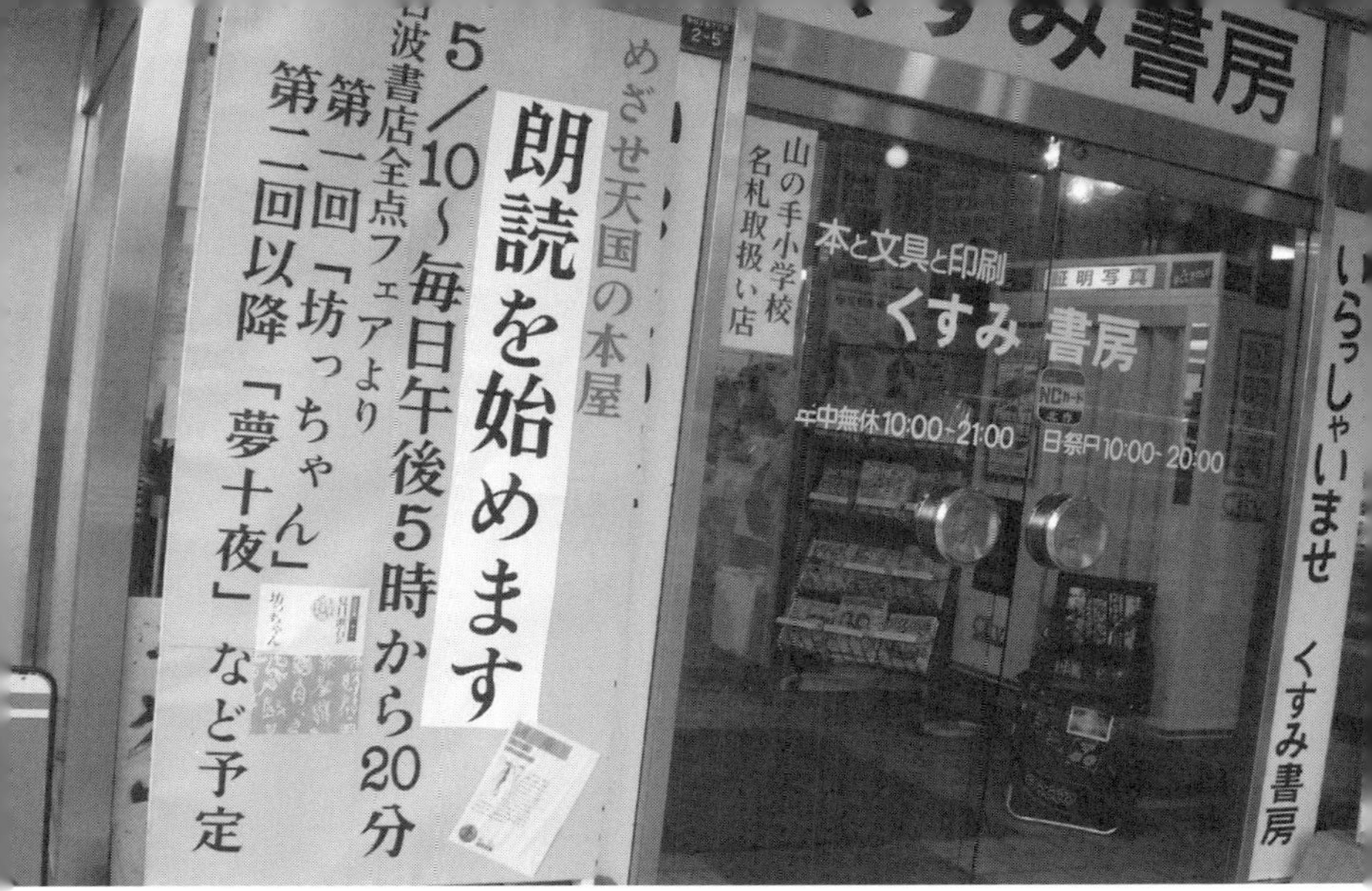
すみ書房
めざせ天国の本屋
朗読を始めます
5/10～毎日午後5時から20分
波書店全点フェアより
第一回「坊っちゃん」
第二回以降「夢十夜」など予定
山の手小学校
名札取扱い店
本と文具と印刷
くすみ書房
年中無休10:00-21:00
日祭日10:00-20:00
証明写真
いらっしゃいませ
くすみ書房

朗読は売上に直接結びつかない。

しかし、新聞、テレビの取材がとても多く、その後当店の一番の広告塔になっている。

NHKテレビは何度かアナウンサーの方が朗読をしてくれ、それを放映してくれた。

おかげで、朗読といえばくすみ書房と言われるようになった。

そして岩波文庫は売れた。

翌六月の売上は、新潮文庫二九一冊、ちくま文庫二九三冊、岩波文庫二九七冊だった。

僅差だけど、町の本屋であの難解な岩波文庫が一番売れたのだ。一時だけど道内で二番目になったこともあった。


しかしこれだけ売れてもまだ足りなかった。

数字にすると、前年比で一五〇パーセントアップが必要なのに、まだ一一〇～一一五パーセントアップにしかなっていなかった。

もちろん、これだけアップするのはすごいことだけどなあ。

「中学生はこれを読め！」スタート

「やっぱり、お客さんが少ないなあ」

レジに立っているときにため息をついた。

夕方だというのに朗読が終わると店内には数えるほどのお客さんしかいなかった。

昔はこの時間はいつも混みあっていたのに。

そこで気がついた。

「そうか、学生がいないのか」

以前は夕方には学校帰りの中・高生で賑《にぎ》やかだった。それが今はほとんどいない。なぜだろう。

塾かクラブか、あるいはテレビゲームか、それとも本屋に魅力がなくなったのかと考えながら店内をずっと見ていると、なんだ中学生向けの本がほとんどないじゃあないか。

コミックと雑誌ぐらいしかない。それはコンビニでも買える。参考書じゃ味気ない。

それは大書店に行っても同じだった。

もちろん文庫とか児童書売り場に行けばあるけど、読書が苦手な中学生が探せるだろうか。

中学生になると本を読まない子どもたちの数は一気に増える。

札幌市の中学生の不読者（一ヵ月に一冊も本を読まない）の割合は二八パーセントにもなる（※当時。二〇〇九年の調査では一一・九パーセント）。

しかし業界では本をあまり買わない中学生をお客様として考えてこなかった。

これじゃあ本屋に来なくなってもしょうがない。

だから中学生に来てもらうために、まず中学生の棚を作ろうと考えた。

多分、全国でも初めての試みだし、売上のことを考えると少し勇気が必要だった。

妻に相談した。

彼女は小学校の開放図書館（※地域に開放された学校図書館）で長年ボランティアをしていた。私以上に本好きで良き相談相手だった。何よりも本に詳しい。

面白いねと賛成してくれた。よかった。

手伝ってくれるという。

中学生の棚を作るためには、そこに並べる本が必要だ。しかし中学生向けの本のリストがほとんどなかった。

少しはあったが、失礼だけど面白そうではなかった。

「それじゃあ我々でリストを作ろう」

目標は五〇〇冊、選書基準はただひとつ。中学生が読んで「面白い本」。

勉強になるかどうかは、あえて考えないようにした。

本の苦手な子がまず手にする一冊目の本を選ぼうと考えたのだ。一冊目が面白ければ二冊目につながるだろうと思ったわけだ。

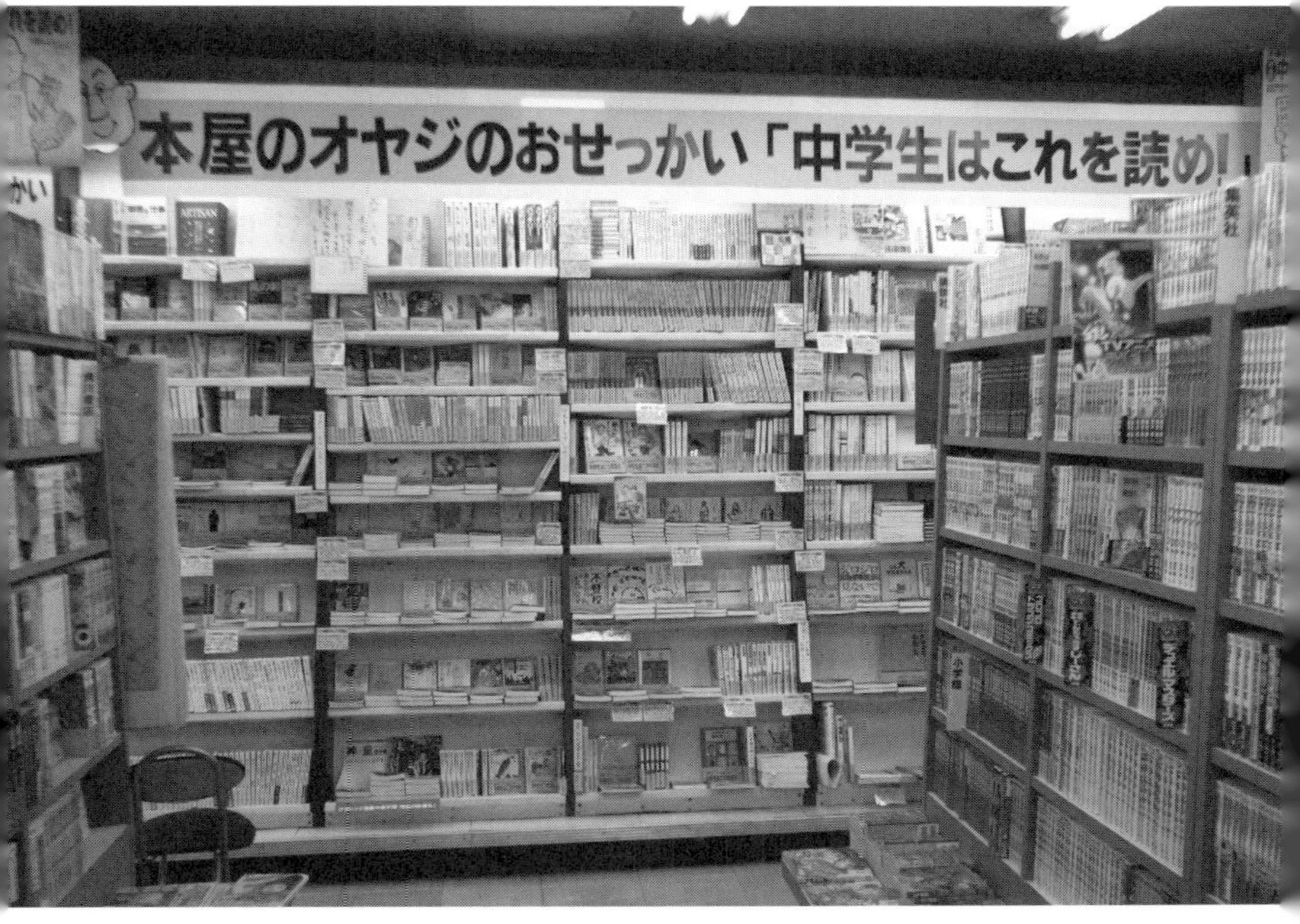

2004年10月、「中学生はこれを読め！」フェア
店内の様子

毎晩、家に帰ってからお互いその日選んだ本をリストに加えるかどうか相談した。しかし大半は妻が選んだものだった。助けられた。

書店組合の札幌支部の仲間にこの話をすると、一緒にやりたいと言ってくれた。

今まで書店で実施していたフェアは、ほとんど出版社が企画したものだった。

取次、出版社の協力なしの書店独自の企画はほとんどなかった。だから痛快だというのだ。

組合支部が予算を出してくれたので、企画を木原さんの会社に依頼した。

まずフェア名が決まった。彼女の提案は、

「本屋のオヤジのおせっかい　中学生はこれを読め！」。

2006年の「中学生はこれを読め！」
フェアのチラシ

本屋のオヤジのおせっかい
中学生はこれを読め!
中学生に読ませたい500冊
●これ読め500選リスト
愛知書店組合HP
http://www.aichi-books.jp/
図書カードプレゼント!
●フェア本についている帯の端にある「オヤジマーク」を2枚葉書に貼って、愛知県書店組合事務局宛送って下さい。
抽選で100名様に図書カード(500円)をプレゼントします。
■締め切り/2007年1月25日(木)
〒460-0003
名古屋市中区錦1丁目1番2号
サイソウビル5階
愛知県書店商業組合事務局
送ってくれ!
本屋の店主たちが、本を読まない中学生に対し黙っていられず、つい口を出すことになったのだ。……
オヤジたちは幼い頃から「本を読むと賢くなれる」といわれて育ち、ゆえに、中学生が本を読まない現状をひたすら嘆く日々であった。
だがある時、本屋のオヤジは、はたと気付いた。
自分の店に中学生向きの棚がないことに……。
ただいま、中学生フェア実施中!
2006年10月27日~2007年1月15日
主催/愛知県書店商業組合・三重県書店商業組合・岐阜県書店商業組合
後援/愛知県・三重県・岐阜県・愛知県教育委員会・三重県教育委員会・岐阜県教育委員会
愛知県青少年育成県民会議・岐阜県青少年育成県民会議・愛知県小中学校PTA連絡協議会
中日新聞社・NHK名古屋放送局
協力/北海道書店商業組合

素晴らしい！

本につける帯、フェアのポスター、チラシを作り、そしてスポンサーも見つかり、フェアは二〇〇四年十月二十七日、札幌市内二七書店の参加でスタートした。

最初に関心をもってくれたのは中学生の子を持つお母さん方だった。「うちの子はまったく本を読まなくて心配だ。でも何を読ませたらよいのかわからなかった」

だからありがたいというのだ。

このフェアもマスコミが好意的に大きく取り上げてくれた。

おかげで全国の図書館、学校からの問い合わせが殺到した。

特に多かったのは五〇〇冊のリストが欲しいというもの。図書館や中学校でこのリストの本を揃えて、中学生たちにすすめていきたいという声が多かった。ありがたいことだ。

翌年には北海道内の書店にも声をかけ、北海道書店商業組合主催で道内六四軒の書店の参加で二回目のフェアを行った。この年から北海道新聞社も主催に入っていただき、広報等大きな力を得ることができた。

更にこの年、静岡県の書店さんが見学にこられ、静岡県書店商業組合主催でフェアを実施していただいた。翌年には愛知県、岐阜県、三重県が合同で、石川県でもフェアが行われた。

マスコミの力を改めて思い知ったことが二つあった。

朝日新聞の全国版で大きく掲載されたのだ。

その反響はすさまじく、毎日一〇〇件を超える問い合わせが何日も続いた。てんてこまいだった。

ふたつ目はフジテレビの朝の番組「とくダネ！」で当店が紹介され

たとき。

　レポーターが中学生の棚の常連のT君に、

「一番印象に残っている本は?」

　と尋ね、

「『数の悪魔』です。僕はこの本で数学が苦手じゃなくなりました」

　と答えたからさあ大変。

　番組終了後、全国のお母さん方が一斉に『数の悪魔』を探しに本屋に走った。

　でもこの本は古い本で、大きな本屋でも一冊あるかないかで、少しでも早く欲しいお母さんは当店に注文してきた。

　九州、大阪、東京から続々と電話が入った。

　当店でも数冊程度しかなく、すぐ出版社に電話して、在庫をかき集めてもらったけど、とても足りず困っていたら、出版社からその夜電話がきた。

「久住さん、全国の書店から続々と注文が入り四〇〇〇冊の重版が決まりました」と。

無欲な中学生の一言が出版社を動かしたのだ。この本はその後も売れ続け、その出版社の売上一位にしばらくなっていたそうだ。

五〇〇冊のリストはその後二〇〇六年にブックレットになって北海道新聞社から発売になった。予想以上に売れその後、改訂版も発売されている。

「ソクラテスのカフェ」オープン

ある日、月刊誌「論座」(今は休刊)を見ていたら「著名人に聞く理想の本屋」という特集があった。

それぞれ本への想いは深く、様々な意見があり、面白かったが、中でも多かったのが「カフェを併設してほしい」と「古本も置いてほしい」の二つだった。

本好きは本屋で長時間過ごすことが多い。

疲れるし、のども渇く。買った本もすぐ読みたい。うん、わかる、わかる。

また、最近は売れなくなるとすぐ品切、絶版になってしまう本が多い。そうすると古本屋で探すことになる。確かに一緒に並んでいたら魅力的だ。

今でこそ二つとも多くなってきたけど当時はほとんどなかった。

「これならうちでもできるかもしれない」

当店が入っていたビルの地下にあった喫茶店が店を閉めて以来長年、空きっぱなしだった。

ビルのオーナーは私の兄だったので頼み込み、どうせ空いているなら と安く借りることができた。


その当時は札幌にブックカフェはなく、専門家に調べてもらったが、東京でも小規模なものしかなく参考にならない。しかたなく、まったく素人だけど手探りで店作りをすることに。大丈夫かなあ。

まず古本の仕入れは古本屋さんに依頼。

私の学生時代（昭和四十年代）の文芸書を中心に分けてもらうことに。古本屋業界ではあまり売れないジャンルなのでいくらでもあるそうだ。そうなのか。

次に札幌一おいしいと評判のコーヒー豆とパンを探し当て、頭を下げて仕入れ可能に。

そしてコミックを担当していた女性を短期間の見習い実習でなんとか間に合わせ、二〇〇五年九月オープン。

店名は「ソクラテスのカフェ」。

この店名は紀伊國屋書店さんから出版のマルク・ソーテの著書から拝借。

マルク・ソーテは一般市民にラジオで呼びかけ、毎週日曜日にパリのバスティーユ広場のカフェで哲学談義を行っていた。

「ソクラテスのカフェ」、
入口と店内

営業中
ソクラテスのカフェ

評判を呼び一〇〇人を超える人々が毎回カフェに集って「人生とは」とか「愛とは」をテーマに議論を戦わせていたそうだ。

この哲学カフェはやがてパリ中そしてフランス中に拡がり、その後ヨーロッパ、アメリカ、ついには東京でも行われるようになったという。

いいなあ。この話にあこがれ、店名にさせてもらったわけだ。

うちでは哲学談義は難しいけれど、文学談義ならできそうだ。

だから、オープンしてすぐにやったのが、児童作家の伊藤遊さんの講演会。募集してすぐに満席に。おう、すごいぞ。

中島岳志さんとの出会い

東京に行った際、千駄木の往来堂《おうらいどう》書店さんに行った。

小さいけど、日本一と言われているすごい棚を作っている本屋さんだ。そこの店長の笈入《おいり》さんの書いたエッセイにこんな文章が載っていた。

「時々、大書店さんに行ってうちには入ってこない本をチェックしている。先日も『虚数の情緒』（東海大学出版会）を見つけた。高い本だけどうちにもこの本を買ってくれるお客さんが何人かいるはずだと思い、すぐ手配した。見込み通り何冊も売れた」そうだ。


我々小さな町の本屋は、専門書が苦手だ。内容が難しいし、買い切り（※返本不可）が多い。だから知らないふりをしていたけれど、笈入さんの文章に激しく膝を打った。

「そうだ！」

勇気を出してチャレンジしなければと思い、まず岩波書店、白水社、みすず書房の本を何冊か注文した。

その中の一冊が『中村屋のボース』だった。

著者は中島岳志さん。読んでみると、なんだ面白いじゃないか。


その夜経済界のパーティーに行くと、その日のゲストが紹介された。

「中島岳志先生です。今年から北大に赴任されました」

あれっ、中村屋のボースだと思い、見ると、一人だけジーパン、Tシャツ。全員スーツ姿の中では異質。居心地が悪そうだ。

すぐ近寄り、「本屋ですが、二人で早目に抜けませんか」と声をかけ、すすきのの汚い焼き鳥屋へ。中島さんもうれしそうだった。


そこでうちの店のことをいろいろ話すと翌日、来てくれると。

ぜひと言ったけど、本当に来てくれたのでびっくり。

そして、こんな本屋さんのある町で暮らしたいと言って帰って行った。

後日、本当に琴似に引っ越してきたので又々びっくり。

中島さんにもカフェで講演をしていただいた。

中島さんは講演の中で、こういう市民との触れ合いの場が必要だと言ってくれ、その場で新しいシリーズの「大学カフェ」をスタートすることになった。中島さんがコーディネートしてくれることに。

一回目は北大の山口二郎先生。すごい、大物だ。

四〇人の定員に七〇名も詰め込み、大盛況。

その後も中島先生が毎回北大の有名な先生を連れてきてくれ、すっかり当店の人気イベントになっていった。

この大学カフェの講義録を後日、中島さんがまとめて二冊の本にもなった。

中島先生との出会いは当店にとってとても大きなことだった。

彼を訪ねてくる学者、作家、編集者の方々を紹介してくれたり、時には彼らがカフェで講演をしてくれた。こうしてソクラテスのカフェは、徐々に琴似の文化の拠点になっていった。

また、中島さんは町づくりにも興味を持って、隣町の発寒《はっさむ》の商店街の活性化のために精力的に活動していた。それは我々にとってもとても刺激的なことだった。

二〇一六年に東工大に移り、今では新聞やテレビでご活躍を拝見するしかできないが、この十年間で彼が残してくれたものはとても大きい。ありがとう中島さん。

2007年12月16日、ソクラテスのカフェでの「本談義」第9回の風景。マイクを握っているのが著者（右）、その隣に中島岳志氏、この日の講演者矢萩多聞氏。

大型店がやってきた

カフェでは英会話教室、朗読教室をはじめ文化教室も続々とスタートし、読書会や貸しギャラリー等、様々にカフェを活用していった。くすみ書房の売上も徐々に伸びていった。

こうしてようやく明るい兆しが見えてきたと思い始めた二〇〇六年秋、突然売上が落ちた。

当店から七〇〇メートルのところに全国チェーンのT書店が店を出したのだ（※二〇〇六年四月）。

四〇〇坪、駐車場完備の、くやしいけど良い店だった。

さらに、追い打ちをかけるように翌年三月、当店から三キロメートルのところに、なんと全国一の売場面積の書店が出店してきた。二六〇〇坪ワンフロアの店で端から端が見えない広さだった。

さすがに影響は大きく、二〇〇三年の売れない文庫フェア以降少しずつ積み上げてきた売上が一瞬にして吹き飛んでしまった。

途方に暮れ、どうしたら良いのかわからなかった。どうしてこんなことになってしまったのかもわからなかった。弄《もてあそ》ばれているのか？

店内を絵本にシフトしたり、外商を強化したりしたけど効果も少なく、何より手応えがなかった。

大谷地に移転することに

それでも足掻《あが》き続けていた頃、一本の電話が入った。

「大谷地《おおやち》に出店しませんか」

大谷地は札幌中心部からは東側に位置し、西側の琴似からは正反対の場所で二〇キロメートルほど離れており、ほとんど知らない町だった。

地下鉄直結のショッピングセンターの一階と二階にテナントとしての入居依頼だった。

早速見に行くと、なるほど、人が多い。

しかも地下鉄連絡口から二十～三十分おきに人が大量に流れてくる。

今いる琴似とは大違いだ。

条件を聞くと、さすがに高い。当然そうだろう。場所から考えると安いくらいだ。出店など到底無理だ。条件以前に一億円近く必要になる出店費用がまずない。

残念だが、ていねいに断った。

しばらくしてから同じ不動産の担当者がもう一度やってきた。もう一度検討してほしいというのだ。

その熱意に一応、銀行、リース会社、取引先に打診をしたがまったく話にならない。

それを伝え、お断りしたが、そのとき、ひとつの考えがひらめいた。出店は到底無理だが、移転なら可能性は拡がる。費用が三分の一になるのだ。

六十年以上続けてきた琴似を離れるのはかなり抵抗があるが、琴似でこれ以上続けるのは無理なのだ。

出店期限は二〇〇九年九月末日だった。

半年で了承が得られなければあきらめるしかない。

すると無理だと思っていた公庫の融資の可能性が出てきた。

新しく社員を増やせば融資できる新しい制度があるというのだ。

大谷地では二人増やす予定だったのでＯＫだ。ラッキー。

本棚、内装の資金はリースでと考えていたのだがリース会社にはすべて断わられ、あきらめかけていたところ内装会社が分割払いに応じてくれたのでＯＫだ。ラッキー。

最後まで難航したのが取引先だった。

何度も計画書を出し、上京もしてお願いしたが、リスクが高いということで了解が下りない。八月になり、もう無理とあきらめかけたところ、お盆の直前に担当役員から電話が入り、「了解されました」と。あれだけ断られたのにどうして？　と尋ねると、経営陣が変更になり方針が変わったとのこと。

なんとラッキーなんだ。

しかし、開店まで一カ月半しかない。できるのか？

お盆明けに運送会社をはじめ、すべての業者に依頼し、何とか目途《めど》はついた。

問題はお客様にどのように伝えるかだ。

六十三年間お世話になったのだ。

とりあえず店の入口に立て看板を出した。

その看板を、他の件で来た道新（※北海道新聞）の記者が見て、こう言ったのだ。

「くすみ書房が移転するのは大きなニュースですよ。どうして教えてくれなかったんですか」

うん？　そうなのか。

翌日、道新が大きく掲載してくれた。


これで、あっという間に大谷地移転をお客様に知っていただくことができた。

しかもそれを見て、二社のテレビ局から移転ドキュメントを撮りたいとの連絡があり、移転後に放映してくれたおかげで開店告知にもなり、こんなありがたいことはなかった。

ただ大きな心配事があった。

賃貸スペースに変更があった。

一階のスペースが半分になってしまったのだ。他のテナントがその半分に入居すると言われたとき、こちらは、ほぼ入居をあきらめかけていた状況だったので、わかりましたと言わざるをえなかった。逆に、ほっとしたぐらいだった。


売上計画が大きく狂ってしまった。

しかし、その分賃料も下がるので大丈夫だろうと思ったのだが……。どうもうまくいかない。

ともかく、移転計画がスタートした。

業者との打ち合わせで九月十九日琴似店閉店、九月二十九日大谷地店開店と決まった。

二十日と二十一日の二日間で棚から本を抜いて箱詰めをする。空いた棚は大谷地へ運び、少しだけ化粧直しをして設置する。二十五日から四日間でその棚に本を並べる。

うーん、無茶だ。

実は琴似店の閉店をもう少し早くしたかったのだが、休業日が増えるとその分資金不足になってしまうのだ。

すべてがぎりぎりだった。

琴似店、最後の日

道新に移転の記事が掲載されてから毎日、大勢のお客様が来店された。

ほとんどの方がレジで残念だと言ってくださる。中には花束とかお菓子を持ってきてくれる方もいる。
レジで泣きながら思い出を語る方もいらっしゃる。つらい日々が続いた。

あらためて、六十三年間の重みを感じた。
言葉もない。

九月十九日の琴似店最終日。
朝から多くのお客様が来てくださる。
その日は、地下のソクラテスのカフェで大学カフェも開催した。
夜の八時半に大学カフェが終了し店に戻ると、店の中は大変な状態になっていた。

レジには長蛇の列ができ、店の中は昼より更に混雑している。外を見ると外も人だかりがすごい。

何台かのテレビカメラと、新聞社だろうか、カメラマンも何人かいる。

九時の閉店時間になってもレジの列は途切れそうにない。皆さん両手に溢れるほど本を抱えている。


ようやく、レジのお客様が途切れたとき、何人かの方が私に花束を差し出し、シャッターが一斉にたかれた。一〇〇人を超える方々が私を囲み、テレビカメラも私に向けられている。

困った。何か言いたいのだが……声が出てこない。

涙をこらえ、何とかお礼の言葉を口にしたが、申し訳なくて、ありがたくて、最後だというのに気のきいたことのひとつも言えない。皆さんありがとうございました。


2009年9月19日、くすみ書房琴似店最終日。

閉店前にお客様に挨拶する著者（上）。

お客様、スタッフと閉店後に記念撮影（下）。

新刊
出版社別です
週刊誌

地域の皆様と
店舗移転のお知らせ
お客様各位
くすみ書房
年中無休
10時 ～ 21時

大谷地店、スタート

翌日からすぐ本の箱詰め作業と棚の取りはずし作業だ。二日間では
とても無理で何人かは徹夜だ。

私は昭和五十年に入社以来、三十四年間、この店一筋だ。店のあち
こちが思い出だらけだ。

しかし感慨にふけっているひまはない。

テレビカメラもずっと追いかけている。

箱詰めした本はすぐ大谷地に運び、こんどは棚詰めだ。

大谷地店でもやっぱり徹夜が続いた。そしてついに九月二十九日十
時、大谷地店の開店だ。

大谷地店オープン初日

開店と同時にたくさんのお客様が入ってこられる。

第一号の方は年配の男性客。

「この日を待ちわびていました」と言って、何冊かの本と、岩波の全集の予約をしていってくれる。その後も次々にお客様がレジに並び、初日はほぼ予定通り。

しかし二日目、三日目は予定を下回る。

そもそも予定が高すぎるのだが、当初の不安が頭をよぎる。

さらに最低限の予算で店づくりをしているので思い通りにはできていないところが多い。

少しずつ手直しをしていかなければ。

経営者を売り込むということ

人を集めるふたつ目のこととして経営者を売り込むということを木原さんに言われていた。

だから、マスコミの取材、講演の依頼、原稿の依頼とすべて断らずに受けてきた。

また、イベントも数多く仕掛けてきた。

その当時のスケジュールを見るとよくやってこれたと思うほどだ。

だから短期間に経営者、すなわち私を売り込むことはできたと思う。

自分で言うのも恥ずかしいが、その分有名になることはできた。

冒頭の「あなたは日本で一番有名な本屋になります」と言われたこ

とを思い出す。

たしかに、有名になった分、お客様は来てくれた。さらに毎日、何人もの来客があり、多いときは月に十回以上の講演会を行い、新聞、雑誌に毎月、数本の原稿を抱えていた。

しかし、残念ながら楽にはならないのだ。

「人が集まる」だけではどうやらだめらしい。

そろそろ次を考えなければならない時期だった。

しかし、そうは思っても忙しすぎた。

妻が病になる

ある日、妻が話があると言ってきた。
「乳がんになったの」そして「ごめんなさい」と。
あなたは忙しいのに、乳がんになんかなって申し訳ないと言うのだ。
なんていうことを。
どうしてあやまる必要があるというのだ。
言葉がなかった。

二〇〇六年十月、手術。
その朝、病院に遅刻してしまう。

なんという夫だ。
しかし、術後は良好。よかった。

しかし二年後、体調がまた、悪いと言い、検査をしてもらう。
大腸がんだった。乳がんの転移ではなく原発性だという。
なんということだ。息子があれだけ苦しんだというのに妻までも。
容赦がない。

札幌一と評判の高い病院に入院。
二〇〇八年一月、大腸がんの手術。
悪いところは全部取れたという。よかった。
あとは転移がなければ大丈夫だ。

しかし心配していた転移があった。肝臓だ。

二〇〇八年八月、肝臓がんの手術。
これで三回目の手術だ。かわいそうだ。
それなのに妻は明るい。抗がん剤で苦しいはずなのに一言も苦しいと言わない。

翌年、肝臓がんが再発。
二〇〇九年四月、二回目の肝臓の手術。これで終わってほしい。
しかし、ああ何ということだ。
二〇一〇年、又々再発だという。
六月、三回目の肝臓の手術。
これで乳がん以来五回目の手術だ。
もう、許してあげてほしい。
医者はもうこれ以上の手術はできないという。

そしてまた翌年再発した。

もう手術はできないので抗がん剤治療になるという。病院から戻って妻が医者にこう言われたという。

「久住さんの場合は、かなり強い抗がん剤を使うことになる。苦しいけれど頑張りましょう」と。

医者の言葉を私に伝えた後、妻は私の顔をじっと見て、

「ねえ、お願い。もう抗がん剤はいやなの。治療を受けなくてもいい？お願い」

いつものように、こんなときも笑顔で。しかし泣きながら訴えるのだ。

こんなとき、何と言えばいいのだ。

抗がん剤で苦しいだろうに、苦しい顔を見せずに、いつも笑顔だったから軽く見ていた。馬鹿な夫だ。

もう、ダメだ。頑張ろうなんて言えるはずもない。

「わかった」とかろうじて言うと、「ごめんね」。

まただ。あやまる必要なんてないのに。


それからの半年間はおだやかな日々だった。

私も初めて毎週休みを取って、妻の体調の許す限り、一緒に出掛けた。

妻もうれしそうだった。

ああ、もっと早く、すべきだった。

仕事だからと、休まないのが当然だと、えらそうにしていたのが恥ずかしい。


しかし、おだやかな日々は、そう長くは続かなかった。

だんだん足がむくみ始め、つらそうな日が増えてきた。

それでも病院に行こうとはしなかったが、検査だけでもと説得して連れていった。

医者は「もう、いつ倒れてもおかしくない状態です。すぐ入院してください」と言った。

すぐ緩和病棟に入院した。

数日後、意識がなくなり、静かに息を引き取った。

二〇一一年十月、五十七歳だった。


前述したように、妻は本が好きで、小学校の開放図書館のボランティアを長くやっていた。病院でもそのボランティアの友人のひとりとメールのやり取りをしていた。妻がその友人に打った最後のメールは、「本はいいですねえ」だった。

「高校生はこれを読め！」スタート

「中学生はこれを読め！」の認知度が高まっていく中、高校の先生方、ご父兄の方々から高校生もやってほしいとの声が多数寄せられるようになっていった。

当初は高校生は自分たちで選べるはずですからとお答えして、我々で実施する考えはなかった。

しかし、どうもそうではなくなってきているようなのだ。

今、学生たちは時間があればスマートフォンを使うという。「ライン」「ツイッター」「フェイスブック」「インスタグラム」、常に複数の交流サイトで最新情報をチェックしている。ひまあればスマホで読書どころではないのだ。

また、身近な町の本屋が減り、大型書店が増えており、読書の苦手な高校生には、大量の本の中から自分の一冊を見つけるのは難しいだろう。

そろそろ高校生たちへの適切なナビゲートが必要となってきているようだ。

おせっかいだろうけど。

というわけで高校生にも「これを読め！」と言うことにした。

まずリストづくりだ。

中学生のときは我々だけで選んだが、今回は初めから多くの人を巻き込んでいこうと決めた。長く続けていきたいし、より拡がってほしいからだ。

まず高文連（全国高等学校文化連盟）の図書専門部のご了解をいただき、全道すべての高校三二五校に「高校生に読んでほしい本」を教えてくださいとのアンケートを送付した。

次に道内すべての図書館一七九館にも同じアンケートを送付した。

次に、編集委員会を作った。

集まったリストを整理、選書するためだ。

メンバーは書店から二人、公立図書館司書三人、大学図書館から二人、そして図書クラブ所属の大学生八人にも加わってもらった。

本屋のオヤジたちのひとりよがりをふせぐためにも必要だったのだ。

このメンバーで集まったリスト一〇〇〇冊の中から五〇〇冊に絞り込む作業を始めた。

たとえば有川浩《ひろ》。人気作家だけに八点も寄せられていた。私は『図書館戦争』だけでいいのではと思ったが、大学生たちから一斉に非難されてしまった。相談の結果三点に。

伊坂幸太郎も二点から五点に増えた。


コミックは最初から大学生たちに選んでもらった。『リアル』『ちはやふる』などがリスト入りした。

また、北海道の作家は多めに入れた。

ノンフィクションや詩集はあまり寄せられなかったので我々で相談し追加した。

面白かったのは、庄司薫の『赤頭巾ちゃん気をつけて』と高野悦子の『二十歳の原点』が入ったこと。我々の青春時代の本を今の高校生たちは読んでくれるだろうか。

2010年7月に始まった
「高校生はこれを読め！」のチラシ

本を愛する大人たちのおせっかい
高校生はこれを読め！
ただいま、高校生フェア実施中！
高校生に読ませたい500冊
●これ読め 500選リスト
http://www.h6.dion.ne.jp/~h-syoten/
高校生は、これを読め！
「本にはすべての答えがある」と、わたしたちは信じている。だからあれ読め、これ読めとうるさく言うのだ。つらい時、迷った時、そしてうれしい時、高校生諸君にはいつもそばに本のある人生を歩んでもらいたい。
単行本
「高校生はこれを読め！」
発売中！
北海道新聞社発行
（定価1260円）

最終的に五四一点のリストが完成した。

このリストは、すべての作家やジャンルからバランスよく選んでいったリストではない。

入れるべきなのに入っていない作家、作品はたくさんある。逆になぜこれがという本もある。

スタンダードな推せんリストではなく、今、本に関わっている人たちが、高校生に読んでほしいと願っている本のリストなのだ。

最終段階でリストを見た方が、

「なぜトルストイが入っていないんだ?」

と言ってきたが、そういうわけだ。

もっとも、その方が強くすすめるので『アンナ・カレーニナ』を入れた。

リストの本にはすべて簡単な内容紹介をつけた。更に初級、中級、

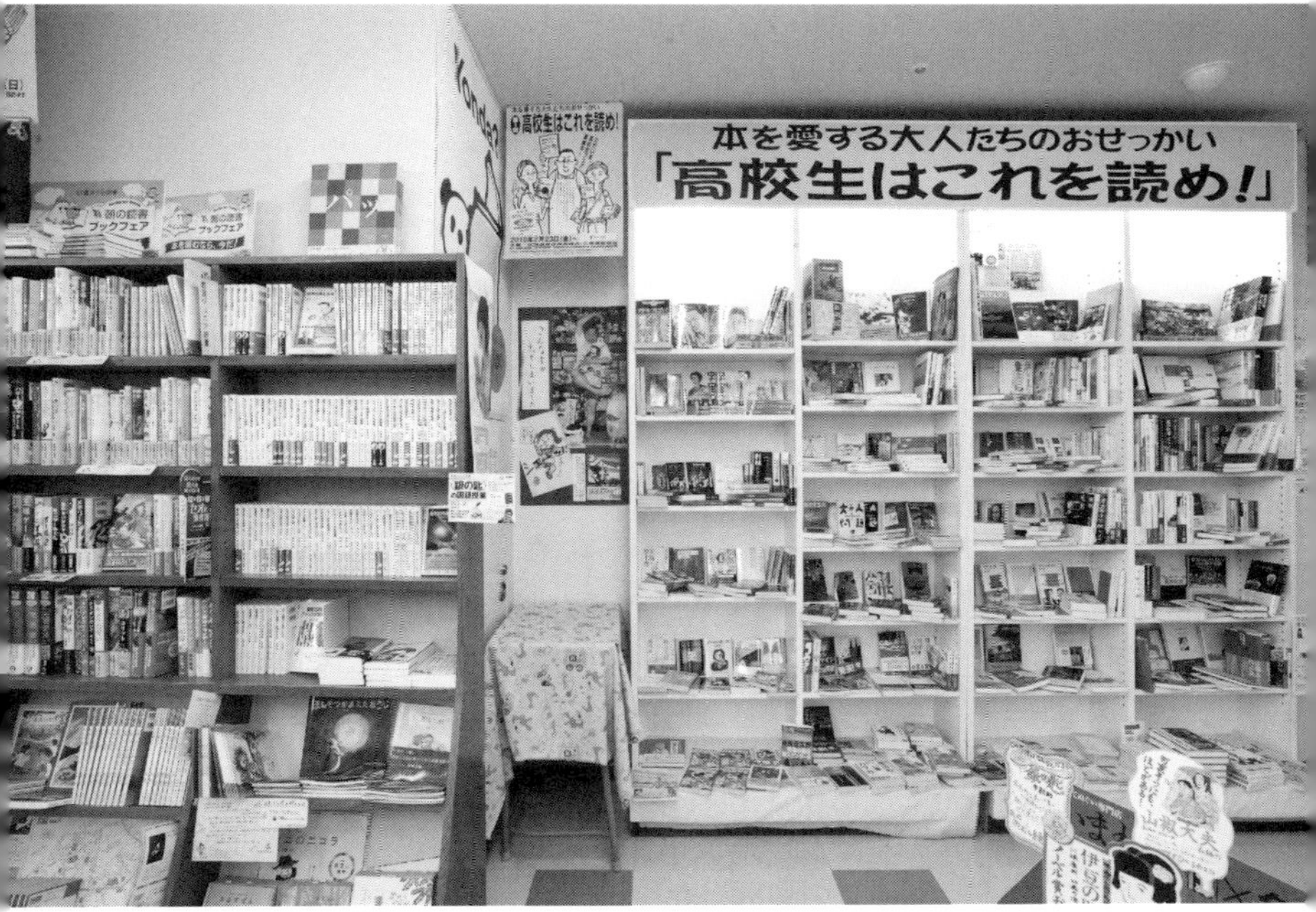

「高校生はこれを読め！」古内フェアの様子

上級の三段階で難易度の番号をつけて選びやすくした。

すべてが完成し、二〇一〇年七月に道内の書店フェアを開催した。

フェア名は「本を愛する大人たちのおせっかい　高校生はこれを読め！」。

参加書店が期待より少なく、盛り上がりを欠いたが、当店では全点揃え、数校の高校に声をかけたおかげで多くの高校生たちが来てくれた。

フェアのチラシ、ポスターにこのフェアに込めた我々の想いを次のように書き込んだ。

「『本にはすべての答えがある』とわたしたちは信じている。だから、あれ読め、これ読めとうるさく言うのだ。つらい時、迷った時、そしてうれしい時、高校生諸君にはいつもそばに本のある人生を歩んでもらいたい」

この文章は高校生に限らず、すべての方々に伝えていきたい私の想いなのだ。

「高校生はこれを読め！」のリストは後日、本になり北海道新聞社から発売となった。

ぜひ、ご覧いただきたい。結構、良いリストだから。

「小学生はこれを読め！」スタート

「高校生はこれを読め！」がすべて終了したとき、北海道新聞社の担当K氏と顔を見合わせ、どちらからともなく「これで残りは小学生だけだね」と言って、ちょっとため息をついた。

そうなのだ。小学生が残ってしまったのだ。
実は小学生版はちょっと大変だなと思っていた。
というのは、絵本や児童書に関わっている人たちはたくさんいる。
それぞれが素晴らしい活動をしていて、私なぞは足許にも及ばないのだ。
ただ、困ったことに、どうしてもやってみたいプランがあったのだ。
そして、それもかなり大変なことだった。

札幌市は学校図書館を地域に開放する開放図書館という素晴らしい事業に取り組んでいる。学校の本業の図書館とは別に、開放用の図書館を新たに作り、週三日地域の人々がだれでも利用できることになっており（実際には子どもたちの利用が多いのだが）、運営は基本的にお母さん方が担っている。

このお母さん方は基本的にボランティアで長年、開放司書の役割を担っている方が多い。現在、半数以上の一〇〇校を超える学校が開放しており、ボランティアのお母さん方の数もとても多くなっている。

この開放司書のお母さん方と一緒に「小学生はこれを読め!」をやりたいと常々思っていた。

彼女たちは、日々、最前線で子どもと本に関わっている指折りの児童書通の方々ばかりなのだ。

早速、開放協議会に相談し、二〇名ほどの開放司書の方々に協力をお願いした。

更に小学校の図書館に長年携わっている先生方と、公立図書館司書の方々、そして書店の児童書担当者の方々にもお願いし編集委員会を作った。

次に札幌市のすべての小学校と道内の図書館におすすめ本を選んでいただいた。

集まった一二〇〇冊の中から編集委員会が六四五冊を選書したのだが、その選書作業は真剣勝負だった。

学びの要素を盛り込みたいと願う先生たちと、楽しく読書させたいお母さん方との話し合いはスリリングで、時には意見をたたかわせ、時には時間を忘れるほどの盛り上がりをみせる楽しい会議が続いた。

出来上がったリストの本で、二〇一一年十月から道内の書店でフェアを実施した。

フェア名は「本屋のオヤジのおせっかい　小学生はこれを読め！」とした。後日、北海道新聞社から本になり発売となった。

2011年10月に始まった
「小学生はこれを読め！」フェア

これで小学生、中学生、高校生とようやく揃ったわけだ。ふーっ。

寄付を集める

「小学生はこれを読め！」のフェアを見ることなく、妻は亡くなり、店の売上も不振が続いた。

私も体調を崩し、気力、体力ともどん底の状態が続いた。

毎年五月は取引先の決算月で、この月までに一年間の支払不足額を支払っていた。

しかし、二〇一二年度はまったく足りず大きくマイナスになってしまうことは避けられそうになかった。そうすると品止め（※取次からの配本停止）になって店を閉めざるをえなくなってしまう。

もう交渉の余地はなかった。


苦悩の日々が続いた。

選択肢はほとんどなかった。

大谷地店を閉め、外商部だけにすると、資金が回らなくなり、いずれ倒産してしまう恐れがある。店を閉めないためには、資金を別途用意するしかない。

しかし銀行からはすでに支払猶予を受けており、追加融資は不可能だった。

悩み抜いた末、私が選んだのはとんでもない策だった。

それは個人的に寄付を依頼することだった。

経営者としては、やってはいけないことで責められてもしようがないことだった。

しかし、他に方法は思いつかなかった。

そこまで追い詰められていたのだ。


親しい友人を中心に約一〇〇人の方に二〇一二年五月、くすみ書房の現状を訴え、寄付のお願いの文章を送付した。

送られた方はびっくりしたと思う。

普通は無視するか、あるいは文句を言うか、到底集まるとは思えなかった。


しかし、集まったのだ。

必要額一六〇〇万円が集まったのだ。

全額が寄付ではなく、借り入れも含めてだが月末までに集まったのだ。

驚いた。寄せられた恩情にどう応えたらいいのか。多くの方が、何とか店を続けてと言ってくださり、頑張ってと励ましてくれる。
言葉がない。

こうして二〇一二年五月末は約束通りの金額を支払うことができた。次の一年間で店を立て直さなければ一〇〇人の方々からいただいた恩情が無駄になってしまう。

ところが翌年の五月、またしても不足が生じてしまった。何の言い訳もできないが、外商部の教科書、副教材の売上が大きく不足したのだ。

例年、予測がつきづらいのだが、今までそれほど大きく狂うことはなかったので油断していた。大谷地店のやりくりで精一杯だったとはいえ、またもや経営者失格だ。

くすみ書房友の会への緊急募集

取引先に不足を伝えると案の定品止めにするという。しかし全部ではなく雑誌だけはいれてくれるという。書籍と注文品は六月から入荷しないことになった。

しかも毎月末に当月分の支払いが少しでも欠けたら雑誌も止めるという。

そうすると閉店するしかない。

しかたがない。全面的にこちらが悪いのだから。

即全面品止めにしないのは温情だろう。

とはいえ六月末日の支払いはすでに足りなくなるのはわかっている。

当社の支払いは年末と新学期に多く支払い、他の月は大幅に不足になる、いびつな形なのだ。少しずつ改善してきたのだが間に合わなかった。ここまできたらもう後戻りはできない。一円でも不足したら閉店になるのだ。何とか集めないと、今までやってきたことがすべて無駄になってしまう。

そこで、次にとった策はネットを利用することだった。ネットで当店の危機を訴え、「くすみ書房友の会」への入会をお願いしたのだ。

この友の会というのは一万円の会費で当店おすすめの本を年間四回に分けてお送りするというシステムだ。

入会直後、誕生日、クリスマス、一年間の収穫本の四回、本が送られてくるというシステムで好評だったのだ。この会への緊急募集を呼びかけた。

このアイデアは以前から当店を応援してくれる若い人たちの考えだった。ネットに暗い私には思いつかないことだった。

六月中旬に呼びかけをスタートし、何とわずか三日ほどで一気に拡がった。やはり、当店を応援してくれる何人もの作家の方々が自分のHPで呼びかけてくれたのだ。

そして入会金が続々集まってきた。

ほとんどが知らない方々だ。一〇〇〇件を超えるメッセージも次々に届いた。町の本屋は必要なので頑張ってほしいというものが大半だった。

夜中にその文面を見ていると涙が溢れた。

こんなにも多くの皆さんが応援してくださる。

くすみ書房 友の会「くすくす」入会のご案内

くすみ書房では、毎日出版されるたくさんの本の中から「心が元気になる本」「優しい気持ちになる本」を探し、店内にコーナーを作りお客様におすすめしています。

今までにも「中学生はこれを読め！」や、いじめに悩む子どもたちに読んで欲しい「君たちを守りたい」、絵本を毎月お届けする「ブッククラブ」等、多くのおすすめ本のリストを作り、フェアを実施したり、新しい棚を作ってきました。

その経験をもとに新刊を中心におすすめの本を選び、その情報を定期的にお届けする「くすみ書房 友の会」を実施しております。今年度も会員を募集致します。

会費と特典は下記の内容となります。多くの皆様のご入会をお待ちしております。

年会費　10,000円

※ 同封の払い込み用紙をご利用いただき、郵便局にてお支払いください。
（手数料はかかりません）　お振り込みの場合は下記にお願い致します。

年会費　お振り込口座
北洋銀行　琴似中央支店　普通　4311980
口座名：（株）久住書房

期　　間　2014年5月〜2015年4月の1年間

※ 毎年4月頃に次年度も継続なさるかどうかの確認をさせていただきます。
※ 途中入会の方にはそれまでに発行した情報誌「くすくす」をまとめてお送り致します。

特　　典　裏面をご覧ください

友の会「くすくす」へのお問い合わせ

くすみ書房大谷地店 友の会担当 伊藤・久住

住所　〒004-0041　札幌市厚別区大谷地東3-3-20 キャポ大谷地
TEL　011-890-0008　／　FAX 011-890-0015
Eメール kusumi-t@bz03.plala.or.jp
（年中無休 10時〜22時 ※担当者不在の時もあります）

頑張らねばと思うのだ。

結局四二〇人もの申し込みをいただいた。六月には個人的に貸してくださる方もいて、おかげで不足分は用意することができた。

七月は中旬を過ぎてもまだ不足を用意するあてがなかった。そんなある日、私を尋ねてこられた方がいた。時々お見かけする方であったがお名前等は存じ上げていなかった。

その方は当店の危機を知り、お手伝いしたいと言ってくださるのだ。おそるおそる金額を口にするとわかりましたと、すぐに用意してくれた。

何と三〇〇万円だ。おかげで助かった。

でもこんなことがなぜ起きるんだろう。

極め付けはその後だった。

その月は、あてにしていた資金が集まらず引き続きお手上げになっていた。

ついに駄目かと観念していたある日、兄から電話が入った。

当社の危機を知った方から、必要ならお金を用意すると言うのだ。

半信半疑でお会いすると「くすみ書房はこの地域に必要だから」と言ってくださり、二度に分けて一〇〇〇万円貸してくれるという。

また、助かってしまった。

考えられないことばかり起きている。

奇跡の本屋プロジェクト

こんなこともあった。ある日、知らない方から電話が入った。東京の有名な新聞社の方で、当店を陰ながら応援してくださっているという。「クラウドファンディングを知ってますか？　くすみ書房さんこそ、これで資金集めをすべきだと思います」と教えてくださった。

調べると、今注目の資金調達法らしい。

個人や会社が実施したいプロジェクトに、賛同する方から資金を募り、資金提供者にはギフトと呼ばれる特典がもらえるというもの。

ノーベル賞受賞の山中伸弥教授や、登山家の三浦雄一郎さんもクラウドファンディングで活動資金を集めたとのこと。

ギフトを提供する必要はあるけれどお金は寄付になるらしい。素晴らしい！

運営会社と相談し、まず当店の閉店危機のことはきちんと伝えた上で、以前からやりたかった「奇跡の本屋プロジェクト」で資金募集を開始することにした。

奇跡の本屋プロジェクトとは、

「当店は全国で唯一の『中学生の本棚』と『高校生の本棚』がある本屋です。

本には人生を変え、奇跡を起こす力があります。

今、夢も希望も持たず、人生に何も期待しない子どもたちが増えています。

そんな彼らに人生の一冊を見つけてほしいと願っています。

そのためにはこの中・高生の本棚にもっとたくさんの本が必要です。

広い売場も必要です。

そのために皆様のお力を貸していただきたいのです。

新たな本の仕入れ資金と本棚の増設資金、そして運営資金として三〇〇万円が必要です」

というものだった。


募集期間は一ヵ月。三〇〇万円をクリアしなければゼロになるというシステムだ。八月末にスタートし、最初の一週間は順調だったが、その後伸びず半月が過ぎても一割程度しか集まらず心配になってきていた。

ところが道新がクラウドファンディングが最近話題だということで、当店を取材してくれ、それを見て朝日新聞、読売新聞も掲載してくれたお陰で二十日すぎ頃から一気に申し込みが増え、あっという間に三〇〇万円をクリア。又々、マスコミの凄さを思い知った。

集まった資金は一時的に資金繰りに回したが、余裕の出る翌年の三月に棚とそこに並べる中・高生の本も六月に発注。後述するが素晴らしい売場ができた。

また、このときの新聞三紙の記事の掲載で当店の危機を知った多くの方から寄付やご支援のお話をいただいた。

前述の、ありえないご支援の申し出のきっかけもこの記事だった。

そう考えると東京から入った一本の電話が始まりだったことになる。

ふーっ、どんなことも無駄にできない。

十一月以降は社債募集、増資の引受募集で資金を集めることができ、翌年五月には約束通りの支払いができた。

ここに至るまでには、ここに書ききれないほどの奇跡的な不思議な出来事の連続だった。

今もって、この一年間、何が起きたのかまだわからない。多分、私が最後に何をするのかがわかるまでその答えはわからないように思う。

ともかく、それまで続いていた品止めは六月から解除になった。

しかし、書籍と注文品が一年間止まっていたため、売上は大きくダウンしていた。

解除になっても、すぐには戻らない。

請求だけは増え続け、又々資金繰りに苦しむ日々が続いた。

一体、どうしたらいいんだ（※その後、著者は「引き続きのご支援をいただけましたら　うれしいです」と呼びかける。次頁収録）。

引き続きのご支援をいただけましたら　うれしいです

ご報告申し上げましたように、七月の危機は全国からのなんと四〇〇人近い方々から友の会へのご入会をいただき、さらに危機を知った方々から別途ご支援もいただき、おかげで奇跡的に乗り切ることができました。

本当にありがとうございました。

しかし、その後取引先から思いもよらぬ厳しい支払条件が提示され、ふたたび四苦八苦しております。何度も何度もこんな状態になるのはお恥ずかしい限りですし、あまりにも脆弱ですのでこれを機会に大きく改善、改革をすすめております。

〈大改善策〉

その一　経費の見直しをすすめております。人件費、賃料、電気代の見直し等で年間八〇〇万円の経費減の見込みです。目標一〇〇〇万円で更に検討中です。

その二　メインバンクが支援してくれることになり、毎月の借入返済額を大幅に減額してくれることになりました。他の銀行も同様の対応をすすめてくれております。これで年間六三〇万円の負担減になります。

その三　これ以上の銀行借入は無理ですので、他の様々な方法で必死に資金を集めております。とはいえ、皆様にお願いすることばかりです。

①シューティングスターというマイクロファンドに申し込む予定です。このファンドは新規プロジェクトに対し、賛同いただいた方から支援をいただくというもので、今当店の新規のプロジェクトを構築中です。タイトルだけ決まりました。「夢と希望を与えてくれる本であふれる〝奇跡の本屋〟を作りたい」です。夢も希望もない子どもたちが増えている（大人もですね）ことへの危機感からの発想です。以前当店で実施した「本屋のオヤジのおせっかい、君たちを守りたい」の進行形です。決まりましたら詳しくお伝えし、お願いさせていただきたいと思っています。一〇〇〇万円で申し込む予定です。

②個人、会社に短期融資のお願いをさせていただければと思っております。可能であればとてもありがたいです。

③当店を応援していただいている方々が一口五万円で個人から融資を募ることを考えてくれています。ありがたいことです。現在、専門家に相談中です。

④「くすみ書房　友の会」へのご入会を引き続き募集中です。詳しくはＨＰをご覧ください。

⑤企業スポンサーの可能性を探っております。当店からどんなものが提供できるのか考えています。いいお知恵がありましたら…。

以上のような内容で急ピッチで進めています。その一、その二はほぼ達成できてますので、その三の資金集めが予定通り達成できますと資金的には大幅に改善され、十一月頃にはまさに、生まれ変わったくすみ書房になります。

その後は、いよいよ念願の「奇跡の本屋」作りを進めていきます。考えるだけでワクワクしてきますが、皆様とご一緒にこの新しい本屋づくりを進めることができればと思います。

どうぞ、更なるご支援を賜りますよう何卒、よろしくお願い申し上げます。

くすみ書房
代表　久住　邦晴

中学生、高校生売場の増設

苦しい資金繰りは続くが、いつものように、「すべて行う」。悩んでいるひまはない。

クラウドファンディングで集まった資金でまず新しい棚を八台発注。二階入口付近に中学生コーナー、高校生コーナーを増設。

また、本も品止め解除後すぐ発注。

「中学生はこれを読め！」「高校生はこれを読め！」はそれぞれ全点揃った。長らく中止していた「これだけは読んでおけ！」と「君たちを守りたい」の棚もできた。

そして「本を読まない学生はこれを読め！」も新設した。

クラウドファンディングで集まった資金で購入した棚を運ぶ（上）。棚詰めをする著者（下）。

中学生はこれ
14歳の世渡り
ご出産のお祝い

＊

※ここで原稿は終わる。

その後、二〇一五年六月、くすみ書房大谷地店は閉店となる。一年後、「奇跡の本屋をつくりたい」と謳《うた》い、再始動するも、その矢先に病が発覚。二〇一七年八月二十八日、永眠。

Ⅱ 解説

くすみ書房という本屋があった

中島岳志

久住さんとの出会い

私が久住さんと出会ったのは二〇〇七年春。前年十月に北海道大学に赴任し、約半年の札幌生活が経過したころだった。

札幌はまったく未知の土地だった。知り合いもいない。土地勘もない。大阪の下町で育った私にとって、引っ越し当初、札幌の人たちはクールでドライに感じた。錨《いかり》をおろす場所をなかなか見つけられなかった。

ひょんなことから札幌の財界人のパーティーに出席することになった。三十代になったばかりの私にとって、そこはまったく場違いな場所で、片隅《かたすみ》で途方もなく立っていた。

そんな中、周りの財界人とは雰囲気の異なる人がいた。久住さんだった。

ふと目があったのだろう。久住さんが声をかけてくれた。そして、自分が書店を経営していること、その書店で私の書いた『中村屋のボース』を並べていることを笑顔で話してくれた。

私はくすみ書房のことを知らなかった。「どんな本屋さんなんですか？」と尋ねると、「ちょっと変な本屋で……」と言って、店のことを話してくれた。

「売れない文庫本ばかりを集めた『なぜだ⁉ 売れない文庫フェア』というのをやってるんですよ。新潮文庫って、ナショナルチェーンの大型店は、売れ行き上位のものだけを置くでしょ。けど、うちは売れ行き一五〇〇位以下の七〇〇冊だけを置いてるんです。ちくま文庫とか岩波文庫は、全点並べる。変でしょ」

このころのくすみ書房は、二〇〇三年秋にスタートした「なぜだ⁉ 売れない文庫フェア」が定着し、二〇〇四年秋に始まった「本屋のオヤジのおせっかい 中学生はこれを読め！」にも注目が集まっていた。久住さんも二〇〇七年に北海道書店商業組合理事長に就任し、北海道の書店を代表する存在になっていた。あとから振り返ると、くすみ書房が最も波に乗っていた時期だったのかもしれない。

そんな久住さんとお会いし、私は率直に「面白い！」と思った。そして、行ってみたいと思った。

本文中の久住さんの回想では、この時、二人でパーティーを抜け出して「すすきのの汚い焼き鳥屋」に行ったことになっているが、それは別の機会で、パーティー終了後に最寄りの駅まで二人で歩きながら、いろいろ話したと記憶している。

「ぜひ、今度、お店にお伺いします」と言って地下鉄東西線の西一一丁目駅で別れたのだが、その晩ずっとくすみ書房が気になって仕方がなかった。

くすみ書房でイベントを

翌朝一番、いてもたってもいられず、西区琴似にあったくすみ書房を訪ねた。店に一歩、足を踏み入れた瞬間、私はくすみ書房の虜《とりこ》になった。入口近くには、ちゃんと「文藝春秋」や「小学一年生」が平積みで置かれている。一見すると、普通の町の本屋さんのたたずまいだが、少し奥に行くと、売れない文庫がずらりと並んでいる。

――下村湖人《しもむらこじん》『次郎物語』、中島らも『空のオルゴール』、井上ひさし『吉里吉里人《きりきりじん》』、山田太一『異人たちとの夏』……。

すべて面だしだ。

横には「もっとも売れない教養文庫」という棚があり、ルース・ベネディクト『菊と刀』、黒岩涙香《くろいわるいこう》『小野小町論』、増谷文雄『この人を見よ』などが並んでいる。

いい本屋だと心から思った。

東京などでは洒落《しゃれ》たセレクトショップの本屋が開店し、人気を集めている。確かに気になる店には、時折、顔を出す。しかし、本棚を眺めていると、本ではなく、書店主の自意識を見せられている感じがして、足が向かなくなる。

しかし、くすみ書房には、その面倒くささが一切なかった。こだわりがあるのに大衆的。店内が安心感で満たされていた。誰も拒《こば》んでいなかった。

地下に降り、くすみ書房併設の「ソクラテスのカフェ」に立ち寄ると、久住さんがいた。そして嬉しそうに言った。

「いや〜、本当に来たんですか。『今度お店に行きます』って言葉は、大抵は社交辞令なのに、翌朝一番に来たのは中島さんぐらいですよ。どうでした、うちの店？」

私は率直に、「素晴らしい店だと思う」と言った。「どの辺が気に入りました？」と聞かれたので、「反抗的な企画をやっているのに、ちゃんと入口近くに『小学一年生』が平積みになっていて、安心感があった」と言うと、「それはうれしいですね〜」とほほ笑んだ。

店を出て、外気に触れたとき、「この町に住もう」と思った。そのまま近くの不動産屋に行って、後日、近くのマンションの契約を済ませた。

くすみ書房の誕生

くすみ書房の創業は一九四六年。札幌の中心から西に四キロほどの琴似で父が開店した。そして一九五一年三月二十二日、久住さんが誕生した。久住さんは三男。一九四七年生まれの長男、一九四九年生まれの次男の二人の兄がいる。

このころの琴似は、国鉄・琴似駅があったものの、まだ地下鉄東西線は開通していない。ただ明治七（一八七四）年に札幌に初めて屯田兵《とんでんへい》が入植した町のため、歴史は古く、人通りも多かった。

久住さんは幼少期のことを、次のように回想している。

「記憶に残るのが、当時は駅止めだった書籍や雑誌をそりに乗って父と取りにいったことです。おそらく4、5歳くらいでしたか。小学校に上がる前から雑誌の付録合わせを手伝っていました。それが原風景として残っています

ね」(『図書新聞』三一八五号、二〇一四年十二月六日)

くすみ書房は順調に営業を続け、一九六〇年ごろには木造二階建ての店舗を構えた。一階の店舗は三〇坪から四〇坪程度。決して大きな書店というわけではない。父は配達に出かけ、母が店番をした。

一九六六年、久住さんは札幌西高校に入学する。このころ、同級生として出会ったのが、のちに地域FM・三角山放送局を立ち上げた木原くみこさんだ。

久住邦晴

久住さんが高校二年生の時、くすみ書房は事業の多角化に乗り出す。それは取次先から北海道各地の小売店に書籍・雑誌を卸す「二次卸」という商売だった。取引先は、書店ではなく、薬局や雑貨店。店内にスタンドを置き、売れ筋の本や雑誌を並べた。

この事業が成功し、一時は北海道NO.1の売上を誇る二次卸に成長した。このころは店舗の売上も堅実で、父は更なる事業の拡大を狙っていた。

一九六九年、久住さんは札幌西高校を卒業。実家を離れ上京し、立教大学経済学部に進学する。

一九七二年二月、札幌では冬季オリンピックが開催された。オリンピックは札幌の街を大きく変えた。一九七一年十一月にはさっぽろ地下街がオープンし、同年十二月には札幌市営地下鉄が開通する。道路や市街地の整備も進み、札幌は開発ラッシュに沸いていた。

そんな勢いに押される形で、父は琴似に六階建てのビルを建設する。現在も琴似二条七丁目の交差点に建つビルで、二〇〇九年までくすみ書房が営業を続けた場所だ。

苦しい経営

一九七五年にビルが完成すると、久住さんは、父から「すぐに戻ってこい」と呼び戻される。そして、ビル管理の仕事を任された。

二次卸は長男。くすみ書房店長は次男。三人の息子が父の事業を継承するため、仕事を与えられた。

しかし、オリンピック景気は続かなかった。一九七三年に第一次オイルショックが起こると、急激なインフレによって消費が低迷し、大型公共事業が縮小された。公共工事への依存度が高い北海道は大きな打撃を受け、経済が低迷する。

そんな悪状況のなか完成したビルは、なかなかテナントが埋まらなかった。くすみ書房は一階の一〇〇坪のスペースで書籍・雑誌を販売し、二階で文具を展開した。

テナント誘致という課題はあったものの、ビル管理の仕事はそれほど忙しくなかった。一方で、くすみ書房の経営は多難を極めていた。次第に久住さんは店舗経営を手伝うようになる。

久住さんは言う。

「私は書店の経験がありませんし、父もまったく教えてくれません。見よう見まねでやってはいましたが、今考えると、よくやらせたなと思います」(『図書新聞』三一八五号、二〇一四年十二月六日)

くすみ書房の経営は、不況の影響もあり、急速に傾いていた。販売面積が一気に広くなったことが原因で、借金が積み重なっていた。久住さんは、文具の売り場を縮小し、本の在庫を絞り込んだ。それでも経営は苦しかった。

一九七六年六月、地下鉄東西線が開通し、ビルから約四五〇メートルのところに地下鉄琴似駅が開業した。これによって町は活気づいたが、紀伊國屋書店が駅ビルに出店し、客を奪われた。

危機的な状況のくすみ書房に、チャンスが訪れる。それは教科書販売の誘いだった。一九八〇年に開始した教科書販売は、第二次ベビーブームの影響で好調に推移した。やがて札幌市西区の教科書販売を任されるようになり、これが書店の経営を支えるようになる。

一九八四年に久住さんは、店長に就任した。これを機に久住さんは売り場を一階に集中させ、新しい取り組みを始める。本を座って読めるように椅子を置き、西区在住の芸術家と組んで、雑貨の販売にも力を入れた。

日々の経営は安定したものの、なかなか借金は減らなかった。負債は三億円を超えていた。この借金がくすみ書房の足を引っ張り、体力を奪っていった。コンビニエンスストアが増加すると、二次卸の仕事を大手取次の子会社が担うようになり、撤退に追い込まれた。

書店経営に大きな危機が訪れたのは、一九九九年二月だった。それまで地下鉄琴似駅は、東西線の終着駅だったが、二駅先の宮の沢駅まで延長されたことで、集客力が一気に低下した。

地下鉄琴似駅の一日平均乗車人員の推移をみると、それは数字にはっきりと表れている。一九九五年に二万二一三二人だったのが、一九九九年には一万四〇三九人まで減少している。三七パーセントの減少だ。

さらに終着駅でなくなったことで、バス利用者の動きが大きく変わり、人通りが減った。毎月の売上は、前年比二割ダウンになり、取次への支払いが滞るようになった。二〇〇〇年には紀伊國屋書店が撤退。書店経営は多難を極めた。

どん底からの浮上、時代への抵抗

久住さんに、次々と試練が襲い掛かる。

負債の増加を見かねた取次が、事態の改善を求めてきた。しかし、打開策が見いだせず、ただ漫然と、苦しい経営が続いた。やる気も喪失していた。

そして二〇〇二年、長男が白血病を発症する。家族の懸命の看病と努力もむなしく、二〇〇三年七月、他界。享年十六だった。

それでも負債の請求はやってくる。久住さんは、息子の葬式の香典を資金繰りにあてがった。心が折れた。体も限界だった。

久住さんは書店の閉店を決め、従業員に頭を下げたが、ここから奇跡の復活劇が始まる。このプロセスは、本文に詳しい。

二〇〇三年十月にはじめた「なぜだ!? 売れない文庫フェア」は大ヒットした。メディアの取材が殺到した。十月二十七日の「読売新聞夕刊」（北海道版）に、久住さんは次のようなコメントを残している。


「新しい本がどんどん出版される一方で、地味だが、いい作品が絶版になっていく。いい作品を消さないためにも、売れない作品の中から自分なりの名作を探して（ほしい——引用者）」

十一月三日の「朝日新聞」（北海道版）では、「『売れる本』先行の品ぞろえの

ミシマ社と久住さん

たくさんお世話になりました！

ミシマ

↑会場でお客様にアナウンスする久住さん。

ミシマ社の本もたくさん置いてくださっていた、くすみ書房さん。2014年の冬に北海道でイベントをやった時には、会場で関連書籍を一緒に販売してくださいました。

全国の書店員さんと一緒に作った本、『THE BOOKS 365人の本屋さんがどうしても届けたい「この一冊」』（ミシマ社／編）では、久住さんにもご寄稿いただきました

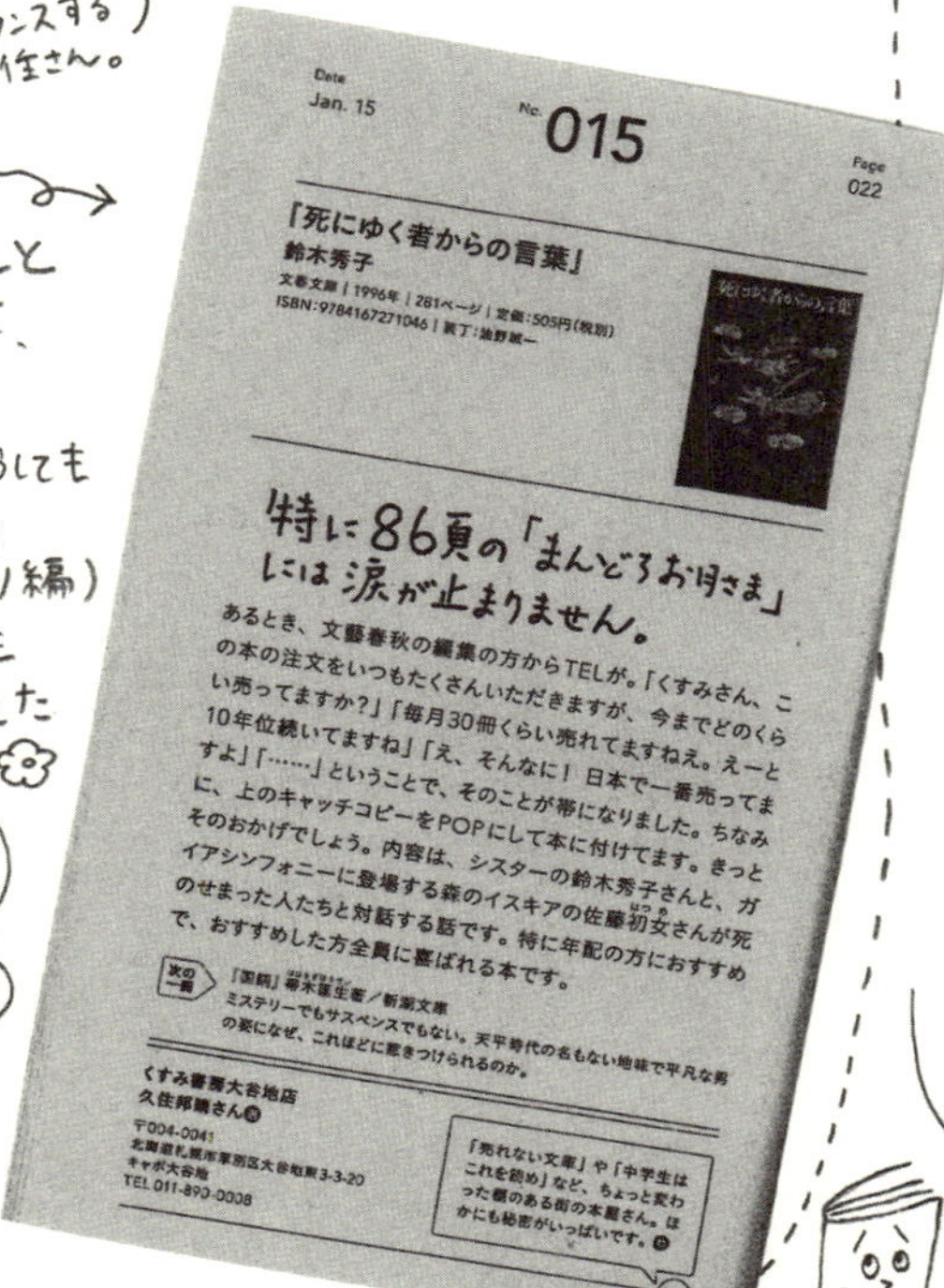

Date
Jan. 15

No. 015

Page
022

「死にゆく者からの言葉」
鈴木秀子
文春文庫 | 1996年 | 281ページ | 定価:505円(税別)
ISBN:9784167271046 | 装丁:[illegible]

特に86頁の「まんどろお月さま」には涙が止まりません。

あるとき、文藝春秋の編集の方からTELが。「くすみさん、この本の注文をいつもたくさんいただきますが、今までどのくらい売ってますか?」「毎月30冊くらい売れてますねえ。えーと10年位続いてますね」「え、そんなに! 日本で一番売ってますよ」「……」ということで、そのことが帯になりました。ちなみに、上のキャッチコピーをPOPにして本に付けてます。きっとそのおかげでしょう。内容は、シスターの鈴木秀子さんと、ガイアシンフォニーに登場する森のイスキアの佐藤初女《はつめ》さんが死のせまった人たちと対話する話です。特に年配の方におすすめで、おすすめした方全員に喜ばれる本です。

次の一冊
「国銅」帚木蓬生著／新潮文庫
ミステリーでもサスペンスでもない。天平時代の名もない地味で平凡な男の姿になぜ、これほどに惹きつけられるのか。

くすみ書房大谷地店
久住邦晴さん
〒004-0041
北海道札幌市厚別区大谷地東3-3-20
キャポ大谷地
TEL 011-890-0008

「売れない文庫」や「中学生はこれを読め」など、ちょっと変わった棚のある街の本屋さん。ほかにも秘密がいっぱいです。

手書きの文字は、久住さんの直筆です！

THE BOOKS
EDITED BY MISHIMASHA
365人の本屋さんがどうしても届けたい「この一冊」
ミシマ社 編

ミシマ社通信

vol.75

みんなのくすみ書房 号

ミシマ社では「一冊の力」を信じ、「一冊入魂」でひとつひとつの本を作ってきました。でも、どんなにいいと思える本を作っても、それが読まれなければ意味がありません。

本を読者に届ける、その橋渡しをしてくださっているのが、みなさんの町の本屋さんです。

書店員さんなしに、ミシマ社の本づくりはありえません。

大手チェーン店に対する『地元書店のささやかな抵抗』」と語り、次のようにコメントしている。

「もともと力のある本なら、置き方によって目を向けてもらえることがわかった。ベストセラー偏重への不満もあるという手応えも感じた」

二〇〇一年に小泉純一郎が首相に就任すると、時代は一気に新自由主義へと傾斜した。公共事業がさらに減ったことで、北海道経済は苦境の一途をたどった。各地の商店街は軒並みシャッター通りになり、個人経営の書店は次々につぶれていった。

そんな中、くすみ書房の「なぜだ!? 売れない文庫フェア」は、時代に対する痛烈なアンチテーゼだった。

大手のナショナルチェーン書店は、売れ筋の本を中心に並べる。しかし、売れているものばかりがいいものとは限らない。文庫本になっている書籍は、単行本出版時に評判になった本が多い。時代の推移の中で販売数が落ちているだけで、その本の価値は落ちていない。単に忘れられているだけだ。忘れられているから、大手書店には並ばない。人々の目に留まらない。そして、品切れ・絶版。本が死んでいく。

そんな悪循環に、ユーモアを交えて切り込んだのが、久住さんのチャレンジだった。二〇〇四年一月二十七日の「北海道新聞」の記事によると、フェア開催三カ月間で最も売れたのが下村湖人『次郎物語（上・中・下）』と石坂洋次郎『青い山脈』。いずれも忘れられた名作だ。

久住さんは言う。「システムを変えることで、良いものは売れることを確かめたい」。

そして、第二回「売れない文庫フェア」として中公文庫全点フェアを行い、続いて岩波文庫全点フェアを展開。このプロセスで、岩波文庫を店内で朗読する試みが定着し、くすみ書房名物の「朗読会」へと発展した。

二〇〇四年夏には中学生フェアを実施し、その延長として同年十月、市内の二六書店を捲《ま》きこんで「本屋のオヤジのおせっかい　中学生はこれを読め！」フェアを開催した。二〇〇五年七月十二日の「北海道新聞」（札幌市内版）に、久住さんは次のようなコメントを寄せている。

「選書は本来、本屋にとって一番基本的で、大事な作業のはず。それを出版社や取次に任せすぎて、今や何もしなくても本が入荷し、売れなければ返本する。選書作業は必要なく、せいぜい売れている本を発注する程度。これでは本屋の力量は落ちる一方だし、どこも同じ品ぞろえの〝金太郎飴《あめ》書店〟になってしまう」

二〇〇五年九月にはビルの地下一階に珈琲と古本のブックカフェ「ソクラテスのカフェ」をオープン。次々にイベントが開催されるようになった。

また、当時頻発した「いじめ自殺」を受けて、二〇〇六年十一月に「本屋のオヤジのおせっかい　君たちを守りたい」を開催し、話題になった。二〇〇六年十一月二十日の「北海道新聞」(札幌市内版)の記事で、久住さんは次のように述べている。

「苦しくて、袋小路に入りこんだとき、本を読むことで心の間口が広がったことが、人生には何度もあった。大きな海に出るような本との出会いを、地域の大人として何とか応援したい」

くすみ書房のフェアは、苦境に立つ人間に、常に寄り添っていた。しかし、久住さんは正義を振りかざさなかった。常に笑顔で、優しく、ちょっとした「おせっかい」を続けた。だから、くすみ書房は札幌の庶民に広く愛された。

「この2年間は本当に幸福な時代でした。様々なイベントを立ち上げて、売上も多い時で3割、少なくとも1～2割ほど上がり続けました。これで大丈夫だ、そう思っていました」(『図書新聞』三一八六号、二〇一四年十二月十三日)

私が久住さんと出会ったのは、そんな時期だった。くすみ書房が最も輝いていた時期に、私は店内の様子に魅了され、琴似を住まいとした。

そして、この引っ越しは、私の人生を大きく変えることになる。

大学カフェ、三角山放送局、発寒商店街

引っ越しを済ませ、くすみ書房に挨拶に行くと、久住さんはことのほか、喜んでくれた。そして、一つの依頼を受けた。

「いまカフェで『本談義』というイベントを開いているんですが、今度、中島さんが話をしてくれませんか？」

もちろんその場で即、引き受けた。

そして当日。会場は地元の人たちで満員だった。『中村屋のボース』について話をしたが、みんな熱心に聞いてくれた。

大手書店や新聞社、図書館、自治体などが主催する講演会で話をしたことはあったが、膝が触れ合うほどの距離で、近所の人たちに話をするのははじめてだった。テーマは「インド独立運動と日本の関係」。必ずしもとっつきやすい内容でないにもかかわらず、一生懸命、耳を傾けてもらえる。日常生活からちょっと離れて、知的なものに触れる喜びに満たされていた。

いい空間だと心から思った。そして、「こういうところで話をしたかったんだ」と思った。

トークイベントの最中、司会の久住さんから提案があった。「この企画、あと何回か続けませんか」。

もちろん「はい、よろしくお願いします」と即答した。

そして、勤務先の同僚教員をゲストに迎え、「大学カフェ」というイベントを開くことになった。

第一回のゲストは北海道大学法学部で同僚だった山口二郎さん。まだ民主党政権ができる前だったので、政権交代の展望について話をしてもらった。

「大学カフェ」は大変好評で、回を重ねた。いつも満員。時には観客席に上田文雄札幌市長（当時）の姿もあった。

その内容は『じゃあ、北大の先生に聞いてみよう――カフェで語る日本の未来』『やっぱり、北大の先生に聞いてみよう――ここからはじめる地方分権』（いずれも北海道新聞社）という二冊の本となって出版された。この本も、よく売れた。

くすみ書房では、多くの人に出会った。その中の一人が三角山放送局の木原くみこさんだった。

私は、この三角山放送局からラジオパーソナリティの依頼を受けた。月一回、三時間の番組。内容はすべて私が決めていいという内容だった。

これも喜んで引き受けた。そして、久住さんとコミュニティカフェ「だんらん」の堀川淳子さんに、ラジオでの話し相手をお願いした。

「中島岳志のフライデー・スピーカーズ」という番組がスタートした。

この番組は、ポッドキャストでも配信したことから、札幌だけでなく、全国の人が聞いてくれた。私は札幌市西区の問題ながら、普遍的な問題を考えたいと思った。ローカルな話題を深掘りして取り上げることが、全国的な価値を持つことを示したかった。

だから、地元の問題をじっくりと取り上げた。当事者の方たちにスタジオに来ていただき、毎回三時間、みっちり話し合った。

二回目の放送で、隣町の発寒《はっさむ》商店街のシャッター通り問題を取り上げた。かつては複数の市場が存在し、活気があった商店街も、中型スーパーの進出によって市場が撤退し、にぎわいを失った。そして、二〇〇〇年代に入って、中型スーパーが撤退。商店街には閑古鳥《かんこどり》が鳴いた。

このシャッター通り問題を取り上げたことで、発寒商店街振興組合の人たちと親しくなり、活性化事業として商店街にカフェをオープンすることになる。久住さんとの出会いによって、札幌での人間関係の輪が広がり、地域社会との深い関係が生まれた。

これは私の政治学にとって、大きなことだった。

私は大学や学会を飛び出し、社会の中で政治を考えるようになった。具体的な合意形成を繰り返す中で、政治のリアリティに触れていった。そこで学んだことは、私の「リベラル保守」という立場に反映されている。「永遠の微調整」こそが、政治の本質だという確信を持つに至った。

琴似から大谷地へ

一方このころ、久住さんは新たな苦境に立たされていた。二〇〇六年、店から約七〇〇メートル離れたところに「TSUTAYA札幌琴似店」がオープン。そして、二〇〇七年には約三キロのところに大型店の「コーチャンフォー新川通り店」が開店し、店の周辺でも、コンビニが次々にオープンした。

これによって雑誌が売れなくなった。大型店の影響で、学習参考書も売れなくなった。くすみ書房の売上に占める学習参考書の割合は大きく、これが半減したことで、大きなダメージを受けることとなった。

売上は、あっという間に「なぜだ!?　売れない文庫フェア」以前の水準に落ち込んだ。再び資金面で苦心する日々が続いた。

久住さんは、次第に「フライデー・スピーカーズ」出演を欠席するようになった。番組は、私と堀川さんの二人で進行するようになった。

私は、くすみ書房の経営が厳しいという話を聞いていたものの、楽観視していた。くすみ書房は札幌を代表する有名店。どうにかなるだろうと思っていた。しかし、事は思いのほか深刻で、久住さんは二〇〇九年九月に琴似の店舗を畳み、厚別《あつべつ》区大谷地への移転を決める。

琴似の店が閉店する日、私も駆け付けた。「ソクラテスのカフェ」で、トークイベントを行った。大谷地で成功して、また琴似のくすみ書房を復活してほしい。そんなことを語った。

あの日、くすみ書房に集まった地元の人たちの顔を、私はいまでも忘れることができない。みんな淋しさと悲しさを滲《にじ》ませていたが、同時に自責の念に駆られているようにも見えた。

くすみ書房を支えきれなかったことのくやしさ。利便性を優先してネットショップで購入したことのやましさ。もっと足を運べばよかったという後悔。

私も同じ思いで、その場に立ち尽くした。

くすみ書房は、大谷地に移転後、売上は二・五倍、客数は三倍に増えたが、家賃が上がったこともあり、採算ラインを割り込んだ。赤字経営が続いた。

ここからの苦境は、本文に詳しいので、繰り返さない。

久住さんが言う「奇跡」が何度も起き、店はしばらく延命したが、ついに二〇一五年六月、大谷地店も閉店に追いやられた。

くすみ書房の歴史は幕を閉じた。

浦河町に書店を！

久住さんは、何をやりたかったのか？

そのヒントが、北海道日高の浦河町《うらかわちょう》のプロジェクトにある。二〇一四年二月、久住さんは浦河町の地域おこし協力隊のメンバーから依頼を受け、講演を行った。テーマは「浦河町に本屋をつくることは可能か」。

人口約一万三〇〇〇人の浦河町には、かつて二軒、地元書店があったものの、十年以上前に閉店し、数年前には郊外にあったチェーン店も撤退した。浦河町には一〇〇〇人を超える小中学生がいる（当時）。しかし、子どもたちは実際に本を手にとって買う機会がない。当然、本離れが加速する。

講演依頼を受けた久住さんは、浦河町で本屋を開業する条件を考えた。

とにかく本屋は在庫が多く、資本回転率が悪い。そのため多くの書店は、取次に対して在庫分の支払いができずに、多額の買掛金を抱える。要は未払い金である。さらに、本離れや大型店、コンビニ、ネット書店の登場などによって、売上ダウンが続く。結果、体力がもたずに閉店していく。地元書店という既成のシステムがすでに限界に達しているのだ。

浦河町で開店するためには、このような弱点を取り除かなければならない。ここが克服できなければ、書店は営業できない。どうすればよいのか。

久住さんが出した結論は、商売をすてることだった。とにかく利益を求めない。目的は、本屋が存在すること。継続すること。

まず問題になるのが開業資金だ。二〇坪ほどの店だと、久住さんの試算では、仕入れ資金と棚代金などで、通常五〇〇〇万円ほどが必要となる。内装や設備は、できる限りボランティアに頼って、経費を削減する。そして、町民に出資を募る。みんなが少しずつ出し合って、自分たちの町の本屋を支えるのだ。本はどこで買っても同じではない。どこで買うかを含めて、本への関係性が変わる。思い入れや思い出も変わる。

次に本屋をどう維持するか。本屋の経費の中心は家賃と人件費。家賃は売上の三～八パーセント、人件費が一〇パーセント以内、その他が三～五パーセント。これはなかなか厳しい。人件費をボランティアにすると、事業として続かない可能性が高い。削ることができるのは、家賃だ。

久住さんは、家賃ゼロを目指すべきだという。大家さんに理解を求め、空家のようなスペースを利用する。家賃にお金をかけなければ、多少の利益の目途がたつという。

「売上が月額200万円で粗利が40万円。人件費に20万円から30万円、諸経費に6万円から10万円として、赤字にはなりません」（久住邦晴「北海道日高の浦河町で本屋を作るって可能ですか」『出版ニュース』二〇一四年十月・下）

これで多少の利益が出る。そうすると、利益が出た分だけ在庫を増やす。スピードはゆっくりながら、小さくスタートし、徐々に成長していく。目的は拡大ではない。あくまでも持続。この小商いの精神が、重要な意味を持つ。

さらに久住さんが強調したのは、「コミュニティ本屋」を目指すということだった。本屋は単に本を売る場所ではない。人が集まるコミュニティ・スペースであり、身近な公共空間でもある。人が集まるためにも本屋を作る必要がある。だから、できればカフェの併設を考えたい。

人が定期的に集まるためには、雑誌の販売が不可欠だ。どうしても読みたい週刊誌があれば、週に一度、本屋を訪れる。ついでに他の本を眺め、時にはコーヒーを飲んで時間を過ごす。するとそこが人々のたまり場になる。本を通じた居場所ができる。

しかし、大手の取次は、雑誌の取引を引き受けない可能性が高い。利益が出ないからだ。そのため、一定額の売上見込みと新規取引の保証金を求めてくることが予想される。この要求にこたえるのは難しい。無理に進めると、借金ばかり背負うことになる。それでは、書店は続かない。

取次が難しければ、二次卸に頼るしかない。久住さんが札幌の二次卸に問い合わせると、条件は若干悪くなるものの、浦河への配送は可能との返事があった。なんとかなる。

最後は、どんな本を置くかが問題だ。久住さんは、置きたい本を置くことを基本とすべきと言うが、一つだけこだわった点がある。それは「子どもの本を置くこと」。久住さん曰く、地域の本屋は児童書と中高生向けの本は絶対に置かなければならない。それが本屋の使命だからだ。

このような久住さんの講演での提言を受け、二〇一四年十一月、浦河町に「六畳書房」がオープンした。この書店は紆余曲折《うよきょくせつ》があり、一時は閉店したものの、二〇一八年三月に再オープンし、現在に至っている。

最後に久住さんがやりたかったこと

くすみ書房大谷地店が閉店した時、久住さんは気丈に振る舞っていたが、やはり気落ちしていた。

しかし、久住さんの本屋への情熱は失われていなかった。徐々に気力を持ち直した久住さんは、新しい事業を模索するようになる。それは、もとの西区琴似に、新しい本屋を作ることだった。

久住さんが考えた店名は「THE BOOKS green」。ミシマ社が二〇一五年三月に刊行した本のタイトルだった。

本棚の中心は中高生。「中学生はこれを読め！」「高校生はこれを読め！」の各五〇〇冊を中心に並べる小規模の書店だ。

そして、久住さんは旅に出た。それは、小規模で持続している書店を訪ねる旅だった。この模索を通じて目標を定めた。

①「粗利三〇パーセント」　②「少ない在庫」

③「借金をしない」　④「少ない固定費」

四〇〇万円の在庫（約四〇〇〇冊）によって、月二〇〇万円を売り上げる。もちろん、書店だけでは難しい。本の配達、講演会などでの出張販売、古本、コーヒーの売上を加算して目標を達成する。そんな構想を立てた。

久住さんが、事業を実行に移そうと模索しているころ、私の東京工業大学への赴任が決まった。約十年間住んだ札幌を離れることになった。

二〇一六年二月。

久住さんを中心に、琴似でお別れ会を開いてもらった。この時、久住さんは「THE BOOKS green」構想をうれしそうに語ってくれた。実現しそうな予感がした。

久住さんの新しい店を見たいと思った。また、イベントをしましょうと話をした。しかし、これが久住さんとの最後の会話となる。

この直後、肺がんが発覚。懸命の闘病むなしく二〇一七年八月二十八日、亡くなった。享年六十六。

闘病の中、久住さんが力を注いだのが本書の執筆だった。しかし、未完に終わった。原稿が娘の絵里香さんのもとに残されたが、久住さんが大好きだったミシマ社から出版されることになった。

くすみ書房という本屋があった。久住さんという素敵な書店主がいた。

そのことを多くの人に知ってもらいたい。

そして久住さんが撒いた種が、全国の様々なところで芽吹いてほしい。私もその種の一つだ。

久住さん、ありがとうございました。

Ⅲ 補録

講演会草稿・1

二〇一三・六・二四
札幌市立高図書館連絡協議会

くすみ書房があぶない

お話をさせていただく前に、皆様はもしかしたら、当店の噂をお聞きになっているかもしれません。

どんな噂かというと、「くすみ書房があぶない」というサイトの件です。えっそうなのか？　と気にしていただいている方もいらっしゃると思いますので、はじめにこの件につきましてご説明させていただきたいと思います。

このサイトに載っていた話はすべて事実です。先月の資金繰りに失敗しまして、今月中に不足分を支払わなければ品止めにすると取次から通告されています。

そのために、今、必死になって資金集めに走り回っておりますが、その話を聞いた、私の娘（カメラマンをしています）と若い仲間たちが応援したいと言ってくれサイトを立ち上げました。

内容は、「くすみ書房があぶない」ので、応援のため友の会に入会をお願いいたします、というものです。

友の会というのは、会費一万円で年四回当店のおすすめの本とおすすめ本の情報紙が届くというものですが、会費は前金ですので、今月中に集まれば大いに助かるというわけです。

六月十四日にサイトを立ち上げたところ、うれしいことに作家とか著名人がすぐ反応してくれて、ご自分たちのツイッター、フェイスブックでも、この情報を流していただき、あっという間に全国に拡がっていきました。

翌日には一五〇〇件を超えるメッセージが届き、あわせて、次々に会員の申し込みがありました。

その大半が私が存じあげていない方で、大阪、新潟、東京と当店にまだ来たことのない方々からもお申し込みが続き、驚きました。

店舗のほうにも普段より一〇〇名以上も多くの方々が来店され、たくさんの本を買っていただいております。

先週末には北大の中島先生が、週末にはくすみ書房に行って大人買いしようとエールを送っていただいたおかげもあり、この土日は大変なにぎわいになりました。

おかげで、今、なんとかめどがつき始めています。このままいけば必要資金が集まり、閉店をしなくてもよくなる見込みです。

ご心配をおかけいたしましたが、どうぞ今後とも、よろしくお願いいたします。

それにしてもネットの拡がりの凄まじさには驚きました。ひとつうれしかったのは、誹謗《ひぼう》、中傷の書き込みがほとんどなかったことです。ほとんどすべてが、町の本屋の灯を消してはいけないという応援のメッセージでした。とてもありがたいことでした。

地元書店がなくなっていく

さて、当店だけではなく、今、全国から町の本屋が消え続けています。札幌でも中心部から地元書店が消えようとしています。四月にリーブルなにわさんが閉店し、今月末にはアテネ書房さんが店を閉めます。一番多いときには、ＪＲ札幌駅からすすきのまでの駅前通りに八軒あった地元書店がこれでゼロになります。

皆さん覚えていらっしゃいますか？　駅前から、明正堂、アテネ、なにわ書房、大通りにリーブルなにわ、維新堂、富貴堂、成美堂、東京堂とありました。

この書店さんがすべてなくなるわけです。しかし、この八軒の坪数を全部足しても、今の駅前の紀伊國屋さん一軒の坪数、一三〇〇坪にも満たないのです。

二軒ある三省堂、丸善、ジュンク堂を合わせると、何倍にもなります。ですから市民にとっては逆に便利になっています。

しかし業界としては大変な危機感を持っています。このままでは地元書店がなくなってしまうかもしれません。

なぜそうなるかというと、書店の経営体質がまことに脆弱《ぜいじゃく》だからだろうと思っています。

利益率が低すぎて、まったく余裕がないため、今の長引く売上不振や環境の変化に持ちこたえることができず、すぐに行き詰まってしまう訳です。

しかしリーブルなにわさんが閉店した四日後に、同じ店が文教堂としてオープンしました。条件等は変わらないはずなのになぜ？　と思われるかもしれませんが、大書店やナショナルチェーンは我々に比べかなり安く仕入れることができるから、それが可能になるわけです。

全国で次々に地元書店がなくなり大書店ばかりになっています。

それでも、札幌のような大都市はこのように大書店が出店してくるので書店がなくなることはありません。

しかし、小さな町ですと、そうはいきません。留萌《るもい》は数年前に一軒だけあった地元書店が倒産し、書店がなくなりました。教科書を買うところもなくなったわけです。

そこで市民が立ち上がり三省堂書店さんを誘致しました。全国でも初めてのケースだと思いますし、これからもあることとは思えません。

なぜなら、市民のボランティアの協力のおかげもあり単年度では黒字になったということですが、店を作るために三省堂さんがかけた費用は、在庫も含めて一億を超えると思います。これを回収するには何十年もかかってしまいます。

また、北見の福村書店さんが突然店を閉めたときは、私も驚きましたが市民の皆さんも驚いたと思います。最盛期には全道でもトップクラスの売上をあげていましたから。

そして、閉店してから一週間後に市民が再開に向け支援を始めましたが、もうすでに遅かったようです。

しかし、数日前の新聞に札幌の図書館ネットワークさんが福村書店を再開させるという記事がありましたね。驚いておりますが、うまくいってほしいものです。

二〇一三年五月現在で日本の書店数は一万四二四一店です。数年前には二万店を超えていましたので急激に減少しています。

北海道は六九九店でした。そして道内の市町村の三分の一に書店がありません。

留萌に書店がなくなったとき、立ち上がったお母さんが言っていた「本屋のないところで子育てはしたくない」という言葉がとても印象的でした。まさしくそうだと思います。

アマゾンで本は届くし、図書館に行けば本は読めますが、たくさんの本が並んでいる本屋で本を買うというワクワクする体験を子どもたちにはいつも味わってほしいと思います。

本屋に行こう

おくばりしたおすすめ本のリストに「kotoba」のNo.11があります。この号の特集は「本屋に行こう」。

本好きで知られる椎名誠や池澤夏樹、齋藤孝《たかし》やあのピース又吉までが本屋に行く楽しみを語っています。

中でも良かったのが、東京大学の言語脳科学者の酒井邦嘉《くによし》教授の「脳を創る『書店』」です。

酒井教授はまず紙の本は電子書籍よりもはるかにハイスペックだと言います。

たとえば、本の中をあちこち行き来しながら読むこととか、自由に書き込みができること。

そして折りぐせも後で見返したときに大事な情報になると言います。

さらに、表紙やカバー、文字の種類や大きさといった本の個性も我々の理解や記憶を助けてくれるし、実は検索性という意味でも紙のほうがすぐれているそうです。

さらに面白かったのは、本屋に入ってパッと一冊の本が目に入ることはよくありますが、脳の検索する情報には履歴の効果があり、新しいものが優先されるといいます。

ですから、ごく最近見たことや、関心を持っていることが真っ先に検索されるそうです。

ですから本屋に行って目に飛び込んでくる本というのは、今の自分にとって一番必要な本だと言えるのだそうです。驚きました。

特に、個性的な棚作りがしてある書店は脳にとっても良いようです。

くすみ書房の棚作り

さて、そんな脳にとっても良い、個性的な棚作りを当店は目指してやってきました。

二〇〇三年に「なぜだ!? 売れない文庫フェア」、二〇〇四年に「本屋のオヤジのおせっかい　中学生はこれを読め」、二〇一〇年に「高校生はこれを読め！」、二〇一一年に「小学生はこれを読め！」、そして二〇一二年に「大学生はこれを読め！」をスタートいたしました。

「中学生はこれを読め！」は本屋だけで選書を行い、その後の改訂作業も全て私どもで行いました。

「高校生はこれを読め！」から、やり方を変えました。

「中学生はこれを読め！」を長年続けていき、全国にどんどん拡がっていくようになると、少し生意気な言い方かもしれませんが、書店の商売から、より公的な中学生の読書推進のほうへシフトしていったように思えてきたからです。

実際にこの取り組みは、商売だけを考えると少しつらいのです。手間ひままで含めると、残念ながら持ち出しのほうが多くなります。

そうしたことも含め、高校生は最初から書店だけではなく、たくさんの人たちを巻き込んでいき、読書推進、読書普及という目的を明確にしたかったわけです。そしてもちろん、その後の拡がりのスピードにも期待しました。

まあ、なかなかそうはならなかったですが、「高校生はこれを読め！」は高文連さんのご協力をいただくと共に、公共図書館の司書の方々をメインにしようと考えました。

そこに大学の図書館、大学生を加えていったわけです。逆に書店は二人だけとしました。

翌年の「小学生はこれを読め！」も同じ発想にしました。メインを小学校の開放図書館のボランティアのお母さん方にしました。

札幌独自の開放図書館というシステムを全国にアピールしたいという願いもありました。

バランスを取るためにも、さらに学校図書館協議会をはじめとする小学校の図書専門の先生方にも加わっていただき選書を進めました。

そして昨年、「大学生はこれを読め！」をスタートいたしました。

何故、大学生をやったかといいますと、札幌市立大学の学生が卒論のために書店でイベントを行いたいと相談にきました。

そこで、こちらから「大学生はこれを読め！」をやらないかと提案したわけです。

一大学に五〇冊ほど、選書してもらい、店頭にＰＯＰを付けて並べ、次々に他の大学にも選書してもらい、ある程度まとまったらすべての大学の大学生に集まってもらい五〇〇冊のリストを作ろうという内容にしました。

それを道新さんに相談したら面白いということで記事にしていただき、そこで他の大学も参加してほしいと呼びかけることができました。

その記事を見た北大、北星大学、北海学園の学生からやってみたいと連絡があり、現在、三大学四グループが選書した約三〇〇冊が店に並んでいます。

ただ、そこで止まってしまいました。こちらから呼びかけていくかどうか、今、迷いながら保留しています。

そして、今年、「中学生はこれを読め！・」を大幅に改訂したいと考えています。いちから選書しなおそうと考えています。

今、札幌の図書館協議会の先生と相談中なのですが、先生は、今の中学生なら本を選べるというのですね。

中学校の図書委員の生徒たちに一校につき二〇～三〇冊選書してもらうことを考えています。

その中から五〇〇冊を選ぶための中学生会議を開けたら面白いと考えてもいます。果たしてできるかどうか？

そして、そこに今度は札幌近郊の公共図書館にも参加してもらえないかと考えています。

石狩、恵庭《えにわ》、千歳とかなりレベルの高い図書館も多いので、そんなことも考えています。

そしてできあがったリストは道新から「中学生はこれを読め！・③」として出版することも決まっています。

中学生たちにも本作りに参加してもらいたいと思っています。

そして、私の希望として、今までは北海道らしさを意識していましたが、今度は、全国を意識した本作りを目指していきたいと考えています。

というのも、全国的に見ても、中学生の読書推進の活動というものがほとんどないので「中学生はこれを読め！」を広くアピールしていきたいと思っています。

幸いにも文科省の審議官の方に数年前からこの取り組みに関心を持っていただいておりますので、相談ができればと思っています。

もちろん、やってみなければわかりません。

本がそばにある人生を

私は「本にはすべての答えがある」と思っています。混沌とした今の時代、来年どうなるかどころか来月、どうなるかさえわかりません。

そんな時代には、自分で考え、自分で答えを見つけていかなければなりません。誰も答えを教えてくれません。

そのためにも本を読んでほしいのです。子どもたちにはいつもそばに本のある人生を歩んでもらいたいと願っております。

講演会草稿・2

二〇一五・五・八
大曲中一年、二年

皆さん、本は好きですか？

本をたくさん読んでいる人は顔がしまるという人がいました。

そうかと思って人の顔をよく見るようにしていますが、どうもよくわかりません。

でも話をすると、その人が本を読んでいるかどうか何となくわかってきます。

本を幅広く、たくさん読んでいる人は知識が豊富です。言葉のはしはしにそれが表れてきます。そのせいでしょうか。余裕と自信を感じます。

逆に知識が少なすぎると様々な弊害が出てきます。

マララ・ユスフザイさんのこと

二〇一二年秋に、パキスタンで銃で撃たれて大けがを負った少女がいます。

マララ・ユスフザイさんです。二〇一四年ノーベル平和賞を受賞しました。新聞に何度も載っていました。知っている方も多いでしょう。

マララさんは当時十五歳でした。

マララさんの住んでいる地域はタリバーンの過激派が支配しており、様々なことが禁止されていました。

映画やテレビを見ること、音楽を聴いたり踊ること、そして女子が教育を受けることも禁止されていました。

マララさんはそんなことが禁止されるのはおかしいと考え、女子が教育を受ける権利を訴え続けました。

それは、その地域ではとても危険なことでした。

ある日、マララさんは学校からの帰り、スクールバスの中で、車に乗りこんできた過激派の少年に銃で撃たれてしまいました。

奇跡的に一命はとりとめたのですが、マララさんが助かったことを知った過激派からは絶え間なく脅迫が届くため、生まれ育った故郷を離れ今はイギリスで暮らしています。

このニュースは世界中を駆けめぐり、マララさんの勇気ある行動に世界中の人たちが驚きました。

そして国連に招かれてスピーチをすることになりました。

会場には世界の八〇カ国から招待された五〇〇人の若者たちが集まっていました。

マララさんは若者たちに、そして世界中の人たちにこう訴えました。

「ひとりの子ども、ひとりの教師、一冊の本、そして一本のペンが、世界を変えるのです」と。

そして驚いたことに、こう続けました。

「すべてのテロリストや過激派の子どもたちにも、教育を受けてほしい」と。

自分を銃で撃った過激派の人たちを恨むことなく、教育の必要性を訴えたのです。

無知は暴力を生むのです。

その後マララさんは度々、マスコミに登場し、世界中の人たちに影響を与えています。

そして二〇一四年、ノーベル平和賞を受賞しました（十七歳）。

マララさんの受賞演説はとても印象深いものでした（※以下、著者による要約）。


強いと言われる国々は戦争を起こす上では非常に力強いのに、なぜ平和をもたらす上ではあまりに弱いのか。

銃を渡すことはとても簡単なのに、なぜ本を与えるのはそれほど大変なのか。

戦車を造るのは極めて易しいのに、なぜ学校を建てるのはそんなに難しいのか。

私たち子どもにはわかりません。

全ての子どもが学校に行くのを見届けるまで私は闘い続ける。

今、世界中で学校に行けない子どもの数は約五八〇〇万人です。マララさんの本（※『わたしはマララ』学研マーケティング）を一冊リストにあげておきましたが、彼女の名前はぜひ覚えておいてください。

『アルビノを生きる』

そして、こんな本もあります。『アルビノを生きる』（川名紀美著、河出書房新社）です。

アルビノというのは病気の名前です。メラニン色素が足りないために肌が白く、髪も白や金色になります。視覚障害を伴うことが多く、紫外線にも弱いです。

知っている方は少ないと思います。

でも、時々、テレビでまっ白のクマが発見されたとか、白いヘビとかトラが発見されたことがニュースになります。

とてもめずらしいことですし、まっ白ということが縁起が良いとされます。

しかし、この病気は一万人から二万人に一人の割合で人間にも現れる遺伝性の疾患です。そして人間の場合は差別の対象とされてきました。

日本では毎年一〇〇万人の赤ちゃんが生まれてきますので、アルビノの赤ちゃんは毎年五〇人から一〇〇人生まれてくることになります。

この子たちは学校、地域社会、そして親族からも差別を受け続けてきたといいます。

もし、この本をみんなが読めば、そんな差別意識はなくなると思います。無知が差別を生むのです。

『戦争を取材する　子どもたちは何を体験したのか』

さらに『戦争を取材する　子どもたちは何を体験したのか』（講談社）という本も読んでほしい本です。

この本を書いたのは山本美香さんというジャーナリストです。

二〇一二年にシリアという国で銃撃されて命を落としました。

山本さんは世界の戦場ばかりを取材していました。レバノン、コソボ、ウガンダ、イラク、アルジェリア、アフガニスタン、チェチェンと危険なところばかりです。

山本さんは、この紛争地で何千人、何万人の人たちが命を落としていることを世界中の人たちに伝えることが戦争をなくすということにつながる、という信念を持って命をかけて取材をしていました。

彼女は言います。知らないことは罪だと。

今、紛争地で何が行われているのか。

たとえば世界中に埋められている地雷は一億一〇〇〇万個と言われています。人を狙う対人地雷は、命をうばわずに大けがを負わせるように火薬の量を調整してあるそうです。

なぜだかわかりますか。

兵士が死ぬよりも、大けがを負ったほうがその部隊に大きな負担になるからです。そしてこの地雷で子どもたちが次々に被害にあっています。

だから悪魔の兵器と言われています。

紛争地で暮らす子どもたちは何を体験しているのか。

さらに、子ども兵は三〇万人以上いると言われています。ゲリラたちは村をおそって子どもたちを誘拐し訓練して兵士に育てあげます。子どものほうが言うことを聞かせやすいからです。

どうして同じ人間が憎みあったり、殺しあったりするのか。そして、なぜ戦争が起こってしまうのか。平和のためにはどうしたらよいのか。

山本さんは取材し、考え、そして若い人たちにこう語りかけます。


私たち大人は、平和な社会を維持《いじ》し、できるだけ広げていけるように道をつくります。

そして、これから先、平和な国づくりを実行していくのは、いま十代のみんなです。

世界は戦争ばかり、と悲観している時間はありません。

そしてこの本はとても印象的な言葉で終わっています。

それは「さあ、みんなの出番です」。

この言葉にうながされ、行動を開始した高校生たちがいます。山本さんの地元の高校生たちが立ち上がりました。今、自分たちにできることを考え、実行し始めたということです。

瀬谷ルミ子さんのこと

そしてもう一人、すごい日本人がいます。

彼女の名前は瀬谷ルミ子さん。

彼女の職業は武装解除です。

えっ、武装解除って何？　それは紛争が終わったあと、兵士たちから武器を回収して、一般市民として生活していけるように職業訓練をほどこし社会復帰させる仕事。だから仕事場はアフガニスタン、ソマリア、スーダン、ルワンダなどの紛争地域です。こんな日本人がいたのかと驚きです。

彼女は群馬県の田舎の普通の高校生でした。ただ小学生の頃から「他の人とは違うことをしたい」「自分だからこそ出来ることって何だろう」と考えていた。でも何をしたらいいかわからない。進路も決められないまま高校三年生になったある日、彼女の人生を決める出来事が起こります。

新聞をめくっていた彼女の目にある写真が飛びこんできます。アフリカのルワンダの難民キャンプでの親子の写真でした。

「コレラで死にかけている母親を泣きながら起こそうとしている三歳くらいの子どもの姿」に強い衝撃を受けます。

なぜ？　なぜ、誰も助けない？　なぜ？

いくら考えてもわかりません。どうも世界の仕組みは私には想像もつかないくらい複雑なようだ。答えを知りたい。彼女はそう思います。

そして、私は努力さえすればなんでもできる社会に生きている。すべて自分次第だ。日々のニュースを眺めて嘆きながら救世主が現れるのを待つのではなく、自分が状況を変える側になる、と決めました。

そして「紛争問題について学ぶ」ことのできる大学を探し始めます。が、日本にはありません。

イギリスのブラッドフォード大学の大学院に進みますが、ここでも専門教授がいません。

そこで彼女は現場に行くしかないと考えます。
そしてアフリカに飛びます。
すごい行動力ですが、彼女のポリシーは「やらない言い訳をしない」こと。
「できない」ことと「やらない」ことは決定的に違います。
「できない」ことは、今はできなくても努力して将来できるようになる。
「やらない」ことは、自分の気の持ちようで変えることができる。

この本（※『職業は武装解除』朝日新聞出版）に影響を受ける人はとても多いと思います。高校生以上の若い人たちにはぜひ読んでほしい本です。皆さんにはまだ少し難しいですので、今は、とりあえず知っておいてください。こんな日本人がいるということを、です。

『世界でいちばん貧しい大統領のスピーチ』

次に紹介するのは絵本です。

絵本といっても、内容はとても大切なことが書いてあります。題名は『世界でいちばん貧しい大統領のスピーチ』（くさばよしみ編・中川学絵、汐文社）です。最初の一頁を読みます。

２０１２年、ブラジルのリオデジャネイロで国際会議《こくさいかいぎ》が開かれました。環境《かんきょう》が悪化《あっか》した地球《ちきゅう》の未来《みらい》について、話し合うためでした。世界中《せかいじゅう》から集まった各国《かっこく》の代表者《だいひょうしゃ》は、順番《じゅんばん》に意見《いけん》をのべていきました。しかし、これといった名案《めいあん》は出ません。

そんな会議《かいぎ》も終わりに近づき、南米《なんべい》の国ウルグアイの番がやってきました。

演説《えんぜつ》の壇上《だんじょう》に立ったムヒカ大統領《だいとうりょう》。質素《しっそ》な背広《せびろ》にネクタイなしのシャツすがたです。そう、かれは世界でいちばん貧《まず》しい大統領《だいとうりょう》なのです。

給料《きゅうりょう》の大半《たいはん》を貧《まず》しい人のために寄付《きふ》し、大統領《だいとうりょう》の公邸《こうてい》には住まず、町からはなれた農場で奥《おく》さんとくらしています。花や野菜を作り、運転手つきの立派《りっぱ》な車に乗るかわりに古びた愛車を自分で運転して、大統《だいとう》領《りょう》の仕事に向かいます。

身なりをかまうことなく働《はたら》くムヒカ大統領《だいとうりょう》を、ウルグアイの人びとは親しみをこめて「ぺぺ」とよんでいます。

さて、ムヒカ大統領《だいとうりょう》の演説《えんぜつ》が始まりました。会場の人たちは、小国《しょうこく》の話にそれほど関心《かんしん》はいだいてはいないようでした。しかし演説《えんぜつ》が終わったとき、大きな拍手《はくしゅ》がわきおこったのです。

さて、彼はどんなスピーチをしたのでしょうか。

彼はこうスピーチしました。

我々はもっと便利にもっと豊かになろうと競争をくり拡げてきました。

おかげで世の中は驚くほど発展しました。

しかし、それでわたしたちは幸せになったでしょうか。地球の資源を使いつくし、環境を悪化させても我々はもっともっと考えています。

考えてみて下さい。

わたしたちは発展するためにこの世に生まれてきたのではありません。幸せになろうと思って生まれてきたのです。

貧乏とは少ししか持っていないことではなく、無限に欲があり、いくらあっても満足しないことです。

発展とは幸せになることです。

『マザー・テレサ　あふれる愛』

そしてもう一冊、私が一番大事にしている本をご紹介いたします。それは『マザー・テレサ　あふれる愛』（沖守弘著、講談社文庫）です。

インドのカルカッタという大都市のスラム街で「貧しい人のなかのさらにもっとも貧しい人のためにつかえる」と誓って、何万、何十万人の人たちにつくした、二十世紀の聖女と言われている人ですね。

ノーベル平和賞を受賞している、世界で最も有名な女性です（一九一〇〜一九九七）。

マザー・テレサはいつもこう言っていました。

「人間にとってもっとも悲しむべきことは、病気でも貧乏でもない、自分はこの世に不要な人間なのだと思いこむことだ。そしてまた、現世の最大の悪は、そういう人にたいする愛が足りないことだ」と。

だからマザーは、世間に見捨てられ、路上に倒れ死の寸前に運びこまれてきた人たちの手を握り、こう話しかけます。

「あなたも、私たちとおなじように、望まれてこの世に生まれてきた大切な人なのですよ」と。

マザー・テレサの、この大きな海のような愛を求めて、世界中からたくさんの人たちがマザーの元を訪れました。

日本からも多くの若者が行ったとのことです。

もし、皆さん方が悩んだり苦しいとき、この本を読んでみてください。きっと助けになるはずです。

本が人生を変え、奇跡を起こす

さて、何冊かご紹介しましたが、これらの本に書いてあることを知っているのと知らないのでは大きな違いです。

今、混沌として先の見えない時代です。

来年どうなるかどころか来月のことさえわかりません。

だから誰も答えは知りませんし、教えてくれません。

自分で考え、自分で答えを見つけていかなければなりません。そのためにも読書はますます必要になります。

まず、皆さん方は知るということです。

そして、次に皆さんにお伝えしたいのは、本には、人生を変え、奇跡を起こす力があるということです。

先ほど、『職業は武装解除』を書いた瀬谷ルミ子さんの話をしました。

彼女は一枚の写真で人生を決めました。

そして、マザー・テレサの本の著者の沖守弘さんも一冊の本との出会いから人生が変わっていきました。

一九七四年に、カメラマンの沖守弘さんは取材のためインドのカルカッタに行きます。

ところが人々の想像を絶する貧しさと、道ばたに死体がころがっている町の状況に精神的にまいってしまい、すぐ日本に帰ろうと思っていました。

そんなある日、沖さんは古本屋で一冊の本に出会います。マザー・テレサの活動を紹介した『すばらしいことを神さまのために』（マルコム・マゲリッジ著、女子パウロ会）という本でした。

表紙のマザー・テレサの笑顔の写真が、一条の光となって沖さんに語りかけてきたといいます。

沖さんはすぐマザー・テレサに会いに行きました。そして、マザーの写真を撮る許可を得、やがて日本にマザー・テレサの活動を紹介していきます。

沖さんの書いた『マザー・テレサ　あふれる愛』は私が一番大事にしている本です。

そして、この本を読んで、どれだけ多くの人たちが影響を受け、（勇気と愛をもらい）救われてきたことか。はかりしれません。

『世界最強の商人』

そして、私も何度も本に助けられています。

昨年の十一月、不思議なご縁で、導かれるように一冊の本に出会いました。

その本はオグ・マンディーノの『世界最強の商人』（角川文庫）でした。

一人の少年がご主人から授かった巻物に書かれていた十か条の成功原理を学び、やがて世界最強と言われる商人になるという話です。

（※続編の『その後の世界最強の商人』では）その巻物の第一の誓いは「私は二度と再び、自己憐憫《れんびん》や自己卑下はしない」というものでした。

皆さん、この意味がわかりますか？

自己憐憫とは自分をかわいそうと思うこと。自己卑下とは自分を人より卑《いや》しいとか、劣っていると思うことです。

「どうせ俺なんか」とか「自分はダメだから」というのは、大昔から本当に多くの人たちが陥りやすい、単なる言い訳なんですね。

だから、成功原理の一番はじめにきているわけです。

まず、これを直しましょうと。

そして、「私は二度と再び、自己憐憫や自己卑下はしない」の後にこう続いています。

私は成功するために生まれてきた。失敗するためではない。
私は勝利するために生まれてきた。敗北して頭をたれるためではない。
私は勝利を祝うために生まれてきた。泣きべそをかいたり、泣き言を言ったりするためではない。

そして、第一の誓いは次の言葉で終わっています。

「もし、私が試みさえすれば、私に成し遂げられないことは何ひとつない」

会社を運営していると、年末年始はとても大変です。支払いのお金が足りず、何度も何度も「ああ、もうダメだ」と言ってしまったり、夜中に不安で寝られないこともしょっちゅうなんですね。

そういうとき、ふと思い出して、先ほどの言葉を口ずさんでみました。「私は成功するために生まれてきた。失敗するためではない」「私に成し遂げられないことは何ひとつない」と。

そうしたら、少し気持ちが楽になったんですね。何度も何度も口にすると、だんだんそう思えてくるのです。

そして、年末年始を乗り越えました。

今でも、よく口にしています。

もちろん、行動が伴わないとダメですが、この本にはずいぶん助けられています。

「なぜだ!?　売れない文庫フェア」のはじまり

そして、十二年前にも一冊の本に救われました。

そのときは、おかげで閉店の危機を乗り切ったのです。

二〇〇三年に、くすみ書房は長引く売上不振でかなり追いつめられていました。

この秋に、ついにこれ以上店を続けていけなくなり、やむなく閉店することを決めました。

しかし、私は最後の最後まであきらめる気にはなれず、本を読み漁《あさ》っていました。

どこかにこの危機から逃れるヒントがきっとあると思っていたのです。

何冊目かで一冊の本に出会いました。そこには新しい発想で「人を集める」ことが書いてありました。

この「人を集める」という言葉に私は引きつけられました。

なぜなら、今まで「人を集める」ということは一度も試したことがなかったからです。

まだやれることがあると思うと、少し希望の光が見えたように感じました。

すぐ実行です。どうすれば「人が集まるか」を広告代理店の友人に聞きに行きました。

友人が教えてくれたのは、マスコミを利用することでした。新聞に載れば、それを見てたくさんの人が店に来てくれるというのです。

それはそうだろうなあと思いましたが、問題はどうすれば新聞に載せてくれるかです。

友人に尋ねると、「今まで誰もやったことがなく、面白いこと」を考えれば、新聞もよろこんで記事にしてくれるといいます。

考えました。そして思いつきました。

全国のどこの本屋も売上をあげるのに必死です。だから、ベストセラーを中心に、売れる本を探し求めています。

それじゃあ、売れない本を集めたらどうだろうと考えました。そんなことは全国に本屋は二万軒（※現在では、約一万二〇〇〇軒）ありますが一軒もやっていません。

名付けて「なぜだ!? 売れない文庫フェア」です。

さっそくチラシを作って、それを新聞社に送りました。

すると翌日、北海道新聞社と毎日新聞から取材したいとＴＥＬがきました。

その翌日には朝日新聞、読売新聞からＴＥＬがあり、結局連絡をくれたすべての新聞がとりあげてくれました。

フェアの始まる日の朝、朝刊を見るととても大きくフェアのことが記事になっていました。しかも写真付きです。

よろこんで会社に行くと、店の中がざわざわと騒がしい。どうしたと社員に聞くと、店長、朝から電話が鳴りやみませんと。

新聞を見て、これからくすみ書房に行きたいけど、どうやって行ったらいいのかとの問い合わせが次々に入っていたのです。

そして、シャッターを開けると次々にお客さまが入ってきて、昼頃には店内はびっしりになりました。

その中、「どさんこワイドです。取材させてください」とＳＴＶがやってきて、その日の夕方のニュースで流してくれ、それを見て道内各地からまた電話が次々にかかってきます。

翌日には毎日新聞、ＨＢＣが取り上げてくれ、結局すべての新聞、テレビで報道してくれ、大変なさわぎになっていきました。

そして、売れないはずの文庫が売れたのです。

用意した一五〇〇冊がすべて一ヵ月で完売です。

当然、フェア期間を延長し、規模も拡大していきました。

やがて東京の出版社の間で噂になっていきました。「札幌で変なことをやって売りまくっている本屋がある」と。

そして、売上がどんどん伸びていきました。

前年比で三割以上伸び続け、閉店の危機から逃れることができました。

その後も「本屋のオヤジのおせっかい　中学生はこれを読め！」、店内での朗読、ブックカフェの開店、と全国どこでもやったことのない取り組みを続け、それをマスコミが取り上げてくれ、やがてくすみ書房は全国で最も有名な本屋と言われるようになりました。

これも、たった一冊の本から得たヒントのおかげです。

本には奇跡を起こす力があります。

そのためには、ピンチになっても逃げたりあきらめないで、そのピンチに向きあい、どうすれば勝てるか考え、そして行動することです。

その行動のひとつに読書があるわけです。

「本にはすべての答えがあります」

皆さん方に本とのすばらしい出会いがあることを祈っております。

「西区に本屋を作ります」草稿――

店名（仮）「THE BOOKs green」

green（グリーン）は中学生・高校生を意味します。そう、この店は中学生、高校生向けの本をたくさん揃えた本屋です。小さい本屋ですが日本で唯一、中学生の本棚、高校生の本棚がある本屋です。この棚には、中高生そして大人たちも夢中になる、面白くて心に残る本がたくさんあります。

選書の基準は三つです。

①夢中になれる面白い本を発見できる本屋です。

たくさんの本の中から自分にぴったりの本を探すのは大変です。この本屋に並んでいる本の中から気になる本を手に取ってみてください。きっとあなたの一冊が発見できます。

たとえば、椎名誠が超絶面白本と叫んだ奇跡の脱出本や、数多くのＳＦの中でNo.１と絶賛されている本、ファンタジーを敬遠している大人たちに読んでほしいファンタジー小説三点、そして多くの名作の中から選び抜いた中高生におすすめの名作小説に誰しもきっと夢中になるでしょう。

②あなたの感動する本があります。

座右の書にしてほしい二十世紀最大の聖女マザー・テレサの一冊、過激派に恐れることなく立ち上がった驚きのマララ、アフガニスタンに運河を作り何十万人もの人たちを救った日本人、中村哲さんたちの本に心が震えるほど感動するでしょう。

どんな本屋を作りたいのか①

数年前にクラウドファンディングで資金集めをしたことがありました。そのときのテーマは「奇跡の本屋を作りたい」でした。本には人生を変え、奇跡を起こす力があります。そんな本であふれる本屋を作りたい、と。

その気持ちは今でも変わりません。私は本の力を信じています。だから、読書離れが進んでいる中高生に本の面白さを伝えたいと願っています（でも奇跡の本屋という言い方は今の私には少し重い……です）。

さて、店名候補の「THE BOOKs green」はミシマ社から二〇一五年に発売された本のタイトルです。全国の三六五人の本屋さんたちが中高生に心から推すこの一冊を集めたブックガイドです。「はじめに」で代表の三島邦弘さんがこの本を出版した想いを語っています。

「一冊」が人生を変える――。ある作家さんから、どうして出版社の人たちはもっと中高生たちに本のすごさを教えないんです？　ホンモノに出会ったとき、多感な彼ら・彼女らは変わるんですから。無理にでも読ませるくらいじゃないと、この仕事をしていて無責任ですよと、迫るように言われました。たしかに……と私は思いました。「本離れ」「活字離れ」と嘆く前に、出版にかかわる私たちが必死になって動かなければいけないことがある。それも山ほどある。そのひとつが中高生たちへ「この一冊」を全身全霊で紹介することである（※著者による要約）。

すばらしいです。まったく同感です。ですから、次の店を考え始めたときに、以前の店名の後に中高生を意味するgreenを付けたいと思ったわけです。

その後、前の店名を使うことは控えたほうがいいとの弁護士のアドバイスもあり、それじゃあいっそのこと本のタイトルをそのままと、三島さんにおそるおそる尋ねたところ、快くご了解いただき、まだ仮ですができればそうしたいと考えているところです。

そんな想いですから、この本屋の中心は中高生の本棚です。この本棚に並べる本は「中学生はこれを読め！」と「高校生はこれを読め！」フェアの各五〇〇冊が中心になります。

今、そのリストを見直していますが、だいぶ変わりそうです。

どんな本屋を作りたいのか②

前回お伝えしたように、次の店に置きたい本のリストを作ってます。中高生の本が中心にはなりますが、もちろん一般の方向けの本も置きます。ただ中高生向けの本の多くは一般書から選んでいますので、ほぼすべてが一般の方向けの本でもあると言えます。

以前、北大の（今は東工大）中島岳志さんがうちの店のことを「こだわっているけどマニアックでない町の本屋さん」と言ってくれました。あっ、うまいこと言うなあと思い、以後それを店の姿勢にしてきました。しかし、次の店にはベストセラーやコミック、実用書、参考書、ビジネス書などは仕入れの関係もあり置けそうにありませんので、町の本屋といえるかどうか……。

リストがまとまってきたら、どんな本を置くのかもう少し具体的にお伝えしますがその前に、商売として成り立たせるために考えていることをお伝えしたいと思います。

本屋の弱点は、薄利と売上に見合わない大量の在庫、コントロールが難しい仕入れと毎月の支払金額が摑みづらいということです。

もちろんきちんと経営している本屋さんも多いのですが、どんぶり勘定だった私の場合はそのいずれもが失敗の原因になりました。ですから次の店はその弱点を克服できる仕組みを考える必要があります。

だから何度でも来たくなる本屋です。

いつも新しい出会いのある本屋です。日本で唯一の羆《ひぐま》ハンター久保俊治さんの生き様や、「男はつらいよ」の寅さんが青年たちに伝えたかった言葉、今話題のひとり出版社「夏葉社」を島田さんが作ったわけ、そして西区小別沢のレストラン「やぎや」の絵本に出会える本屋です。

開店予定　平成二十八年九月目標
場所　札幌市西区

やっぱり本屋をやりたいと思ったわけ「本屋のオヤジのホンネのブログ」

前の店を閉めたときのことをいろいろ考えています。

多くの方にご迷惑をおかけいたしましたことに申し訳なく、反省しきりなのですが、心残りなのは友の会をはじめ個人で応援、ご支援、ご協力頂いた方々のことです。どのようにご恩返しをしていったらいいのか、身一つになった今自分にそれができるのかどうか、ずっと考えてきました。

年齢を考えるとあと十年から十五年程度、私の年だと働き口はほとんどないということもよくわかりましたし、特別な技術も経験もありません。あるのは四十年本屋をやってきたということだけ。じゃあ、もう一度本屋をと思っても、資金のあてもありませんし、通常ルートから本を仕入れるのは不可能です。業界が再チャレンジを受け入れてくれるのかどうかもわかりません。そんなことを堂々巡りしながら考える日々でした。

どうしたらよいのかわからないまま、とりあえず雑誌の配達を再開しました。何人かのなじみのお客さまが声をかけてくれました。あちこちの本屋さんにもよく行きました。気になる本をチェックしたくて、立ち読みばかりでしたが（すみません）、どうしても読みたい本は迷いながらも買いました。見込み違いもありましたが、そんなことがとても楽しかったのです。

ああ、やっぱり本が好きなんだなあと改めて思いました。本屋ができるかどうかを考えるのも楽しいことでした。

できない理由はたくさんあります。それを一つずつ解決して、ある程度条件が揃ってから始めるというのが普通でしょうが、それだと多分相当時間がかかってしまいます。そうすると勢いがなくなってしまいます。前の店でもそれで失敗したことが何度かありました。

だから一番好きでやりたいこと、すなわち本屋をもう一度作ることをまず決めて、それを人に言ってしまおうと思いました。「もう一度本屋をやります！」と。

それでＨＰを立ち上げ、このブログを始めたわけです。次回は「どんな本屋を作りたいのか」です。

そこで次の店は、

①粗利三〇パーセント

②少ない在庫

③借金をしない

④少ない固定費

を目標にしました。

まず①ですが、普通粗利は二〇〜二一パーセント程度です（大書店は当然もっと高いです）。それを三〇パーセントにするには出版社さんからの直仕入れと古本、グッズ、飲食等高利益の商品の扱い、そしてイベントの実施等が考えられます。

先日京都に行って、昨年十一月に開店して以来粗利三〇パーセントを実現している本屋さんに話を伺ってきました。やりようによっては不可能ではないと確信でき、とても勇気づけられました。

②ですが、書店の年間商品回転率は三～五回程度しかありません。二〇坪位の店でもすぐ一〇〇〇万円前後の在庫になってしまいますが、都会の繁華街以外では、年間売上は三〇〇〇万～五〇〇〇万円くらいにしかなりません。

先日、コンビニエンスストア関係者から、コンビニエンスストアの在庫は三〇〇万円くらいと聞きました。それで月に一〇〇〇万円以上売るわけですから年間四〇回転です。その差に唖然とします。

今漠然と考えているのは、四〇〇万円の在庫（四〇〇〇冊位）で月二〇〇万円の売上です。一日七万～八万円の売上目標になります。

本の配達や講演会等での出張販売、古本、コーヒー等の売上も含めての巨大書店が当たり前になっている現在、少ない在庫でお客様に満足していただける本屋を作るのは難しいのですが、頑張りどころだと思います。

③「仕入れは売掛にせずすべて現金仕入れで」を守っていきたいと思っています。手持ち資金のある分だけ仕入れる、なければ仕入れないを守れ

れば、月末に請求書が来て青くなるということはありません。開店資金や工事代金も借金はしたくありません。

※ここで、本草稿は終わります。ブログ用に書かれたものですが、掲載されることはありませんでした。

あとがき

奇跡の本屋づくりに向けて動いていた矢先に病気が発覚し、これまでにも色々なものを失って、ついに健康もか、と絶望の淵《ふち》に立たされていたはずの父から、「くすみ書房のことを本に書こうと思うんだ」と聞かされたとき、私は「いいね！　読みたい！」と賛成しながらも、内心少しショックを受けていました。父はもしかして覚悟を決めたのではないかと思ったんです。でも、それは間違いでした。

くすみ書房での体験を本にして、病気を治して、全国で講演をする。そして、くすみ書房を応援してくださった皆さま、ご迷惑をおかけしてしまった方々にも、必ず恩返しをする。父は自分にも奇跡が起きることを、強く信じていたように感じます。

一〇パーセントの人にしか効果が出ないと言われていた薬が劇的に効いて、一時は本当に元気になりました。奇跡が起きたと思いました。でも、少しずつ病は父の身体を蝕《むしば》みました。それでも、奇跡を信じていました。こんなことがあってたまるか。父は苦労ばかりしてきたんだから。ここで逆転できるんだ。

父は原稿のことは病床にありながらも気にかけていました。もう少し推敲しないとなあ、と笑って話したこともありました。しかし、病気の進行は留まらず、なかなか文章を書くのも大変な日々が続き、ついには帰らぬ人となってしまいました。

遺された原稿をどうしようと途方に暮れていた私に連絡をくださったのは、中島岳志先生でした。出版をミシマ社さんから、装丁には矢萩多聞さん、装画にミロコマチコさんと、沢山の方々の協力を得られることになり、そこからはあれよあれよという間に動き出しました。なんだかまるで私は夢を見ているような心持ちで、今このあとがきを書いています。
本書を制作するにあたり、お世話になりました方々に心より感謝申し上げます。こうやって形にできたことは、父の願ったひとつの奇跡の形でもあったかもしれないと思います。

父は、本当に波乱万丈の人生を過ごし、穏やかな笑顔の裏には沢山の苦悩がありました。それでも、自分の使命と信じた本屋のオヤジという生き方を貫いた父を、本当にカッコイイと思います。未完で終わってしまった「奇跡の本屋」だけども、その思いは沢山の人に受け継がれたのではないかと信じています。

そして、くすみ書房を応援してくださった皆さま、そして本書でくすみ書房を知ってくださりここまでお読みいただいた皆さまにも、父に成り代わりまして、御礼申し上げます。
本当に、ありがとうございました。

二〇一八年七月

久住絵里香

久住邦晴さんが生前にご自身で作った経歴書及び取り組み

経歴

1951年（S26）	3月22日生まれ
1969年（S44）	札幌西高校卒業
1975年（S50）	立教大学卒業
1999年（H11）	（株）久住書房　代表取締役社長就任
2007年～13年（H19～25）9月	北海道書店商業組合理事長
2015年（H27）6月	（株）久住書房　業務終了、会社整理に伴い退職

取り組み

2003年（H15）10月	「なぜだ!? 売れない文庫フェア」実施
2004年（H16）10月	「本屋のオヤジのおせっかい　中学生はこれを読め！」実施
2005年（H17）9月	珈琲と古本のブックカフェ「ソクラテスのカフェ」オープン
2009年（H21）9月	店舗を大谷地へ移転
2010年（H22）7月	「高校生はこれを読め！」実施
2011年（H23）10月	「小学生はこれを読め！」実施
2015年（H27）6月	大谷地店　閉店

表彰歴

2010年（H22）4月	子どもの読書活動の実践　文部科学大臣賞受賞

やってくる
名画シリーズ
図書カード

久住邦晴（くすみ・くにはる）
一九五一年、北海道生まれ。一九四六年に父がくすみ書房を創業、一九九九年に後を継ぐ。読書離れに歯止めをかけようと、良書なのに売れ行きのよくない作品ばかりを集めた「売れない文庫フェア」などの試みが話題となる。「本屋のオヤジのおせっかい」と題し中高生に読んでほしい本を集めた「これを読め！」シリーズは道内各地の書店や他県にも広がった。二〇一七年に肺がんのため死去。享年六十六。

中島岳志（なかじま・たけし）
一九七五年、大阪府生まれ。京都大学大学院博士課程修了。北海道大学大学院准教授を経て、東京工業大学リベラルアーツ研究教育院教授。専攻は近代日本政治思想史、南アジア地域研究。主な著作に『中村屋のボース』（白水社、大佛次郎論壇賞、アジア・太平洋賞大賞受賞）、共著に『現代の超克』（ミシマ社）など。

奇跡の本屋をつくりたい

くすみ書房のオヤジが残したもの

二〇一八年八月二十八日　初版第一刷発行
二〇一九年一月二十三日　初版第五刷発行

著者　久住邦晴

発行者　三島邦弘
発行所　株式会社ミシマ社
郵便番号一五二－〇〇三五
東京都目黒区自由が丘二－六－一三
電話　〇三（三七二四）五六一六
FAX　〇三（三七二四）五六一八
e-mail　hatena@mishimasha.com
URL　http://www.mishimasha.com
振替　〇〇一六〇－一－三七二九七六

装画　ミロコマチコ
口絵写真　クスミエリカ
装丁・レイアウト　矢萩多聞
印刷・製本　株式会社シナノ
組版　有限会社エヴリ・シンク

ISBN 978-4-909394-12-5